自由与必然

——社会研究导论

〔英〕琼·罗宾逊 著
安 佳 译

Freedom and Necessity:
An Introduction to the Study of Society

创于1897　商务印书馆　The Commercial Press

人的正确思想是从哪里来的？

是从天上掉下来的吗？不是。

是自己头脑里固有的吗？不是。

人的正确思想只能从社会实践中来。

——毛泽东

目　　录

前　言

　　本书旨在激发人们的探究之心，而非向人们提供信息。在我看来，对历史的经济学诠释是社会研究中不可或缺的一个因素，但也仅是一个因素而已。经济学诠释的下一层次是地理学、生物学和心理学诠释，上一层次是对社会和政治关系以及文化史、法律史和宗教史的研究。

　　本书是针对中间层次草拟的纲要，我希望提供一个总体框架，专家的研究可以在此框架下进一步深化。

　　时间的排序是按倒锥型。从第一章开始的数章涵盖范围从上古至数千年，然后是数百年再至数十年。接下来的五章考察的是当代情形，最后两章对社会科学的学说进行了评述。

　　索普教授（Thorpe）和艾莉森·乔利（Alison Jolly）夫人对第一章的内容提出了宝贵的批评和建议。第二章受惠于西北大学的乔治·道尔顿（George Dalton）教授。后面的几章，国王学院的教务长埃德蒙·里奇（Edmund Leach）和梅耶·福蒂斯（Meyer Fortes）教授以及波斯坦教授（Postan）让我避免了某些错误。毫无疑问本书还会存在错误；再者，有争议的观点也比比皆是。我在本书中还借鉴了同代人的思想，他们是已故的卡尔·波兰尼（Karl Polanyi）、埃斯特·博塞拉普（Ester Boserup）、巴林顿·摩尔（Barrington

Moore）、J.K. 加尔布雷思（J. K. Galbraith）和冈纳·缪尔达尔（Gunnar Myrdal）。这几位都是善辩的学者，而且他们不一定同意或支持我使用他们的工作成果。学者不必不加怀疑就接受本书的所有内容。我只是提供了一个视角，希望能对他们的进一步探索有所启发。

琼·罗宾逊

1969 年 6 月于剑桥

1　社会的起源

想一想海豚和鲱鱼的轮廓，它们之间的相似之处在于它们都很适合游泳。然而，它们之间的演化关系却非常遥远。据推测，海豚是在古生代时由鱼类分化而来，并在一个适当的时机演变成了陆地上的温血动物。返回水中的海豚其祖先的四肢变成了鳍，四足动物粗壮的轮廓变成了流线型。在鲱鱼和海豚身上，同样的技术条件——水生生物的必要条件——产生了相似的结果，尽管是通过完全不同的材料起作用。

有很多例子可以说明澳洲的动物和其他大陆的动物在演化过程中的相似性。在孤悬于海洋中的澳大利亚，有袋类动物演化出一组高度多样化的物种，包括小鼠、褐鼠、食蚁兽、狼等，其中每一种都与胎盘动物中同名的生物非常相似，也适应了通过类似的食物供应链获益。（然而，大概是因为在干旱的土地上，本土的大型动物必须有很大的活动范围和快速奔跑的能力才能存活下来，澳洲产生了本土的一种动物类型。）

使适应成为可能的可塑性并不主要取决于控制遗传的基因发生突变。（这些对物种的危害往往大于帮助。）在有性生殖的情况下，同一基因库通过不断的排列组合传递，在每一窝或每一个幼崽中产生了细微的变异。大多数物种每年都会生出很多幼崽，而一个稳定种群(性别比为1∶1)中的每个雌性,一生中必须养活两个幼崽。
10　每一代的幸存者的基因构成都有利于生存,也就是说,它们非常适
合在其生长的特定环境中寻找食物和躲避敌人。因此,技术条件的
压力塑造出了生物的多样性,在我们看来,这些生物所过的生活是
被精心"设计"过的。[①]

　　对于一个物种来说,变异性本身在一定范围内有利于生存。在
很大程度上,能生存到今天的物种是具有适应能力的,尽管有些物
种未经明显变异,但也成功地生存了下来。

　　一个物种的习性与其物质形态一样受到演化压力的影响。自
然界中存在着各种家庭生活类型——一夫一妻制、一夫多妻制和群
婚制;不同的物种在一个有限的繁殖季节或任意一个交配期不停地
交合、配对。一个物种的生活方式必须与其谋生方式相一致。因
此,在食物供应分散且需要技能才能发现和捕获食物的地方,家庭
单位由一对照顾孩子的夫妇组成,直到孩子们出去自食其力。红胸
知更鸟和狮子就是我们熟悉的例子。在食物供应或多或少均匀分
布于大面积地区的地方,就可能出现群居生活方式;草原上的食草
动物通常成群生活;以浮游生物为食的鲸鱼也是群居生活。

　　生存的问题不仅是吃,还要避免被吃。那些防御捕食者的动物
就有隐藏起来夜间活动的习性,具有保护色的动物通常喜欢单独行
动。冬天成群结队的鸟儿,可以凭借自己的飞行能力,分散筑巢而
居。平原上的牛群无法隐藏自己,只能依靠群体预防措施或群体防

---

① 　参见阿利斯泰尔·哈迪爵士(Sir Alistair Hardy),《活水》(*The Living Stream*),
书中的这种观点曾被认为是奇谈怪论,但现在似乎已经得到普遍接受。

卫能力。由于有充足的食物和安全的悬崖或岛屿供给鸟类繁殖，因此，不同种类海鸟的大型聚居地也同时说明了这两个原则。[①]　11

一个物种要生存，其生活习性必须适应其栖息环境，但演化机制中有一个因素在某种程度上跨越了纯粹的经济压力，这就是性选择。在某些物种中，尤其是在那些一夫多妻的物种中，雄性之间为了获得最多的配偶和最有效地刺激雌性而展开竞争。这种情况让华丽的羽毛或用于仪式性打斗的精致器具，如雄鹿的鹿角，有了生存意义上的价值，尽管前者的显眼会引来危险，而后者对防御毫无用处，却给个体的营养需求增加了额外的负担。可以这么说，经济需求中包含着这种奢侈，但也会将其限制在一定范围内，因为一个物种在这个方向上走得比环境所允许的更远，将会导致其自我灭绝。

物种之间的相似性源于环境压力而非遗传，这一原则最显著的例子是蚂蚁与人类社会的若干相似之处。[②] 这类物种各有专擅；有些饲养家畜来供应食物；有些捕捉同类的幼崽，把它们养大，做替它们工作的奴隶；在这些物种中，一些优等物种已经退化到完全依赖于它们的奴隶为生；在某些情况下，当同一物种发现对方阻碍了自己的发展时，不同聚居地之间就会爆发战争，除老鼠和人之外，在其他动物中都不曾见过这种现象。很显然，这与遗传无关。蚂蚁和人类之间的演化关系比鱼类和海豚之间的演化关系相隔得更加遥远。

尚没有任何理由认为蚂蚁有类似于我们自己意识到的主观经　12

---

① 艾莉森·乔利（Alison Jolly）给我提示了这一思路。

② C.P. 哈斯金斯（C.P.Haskins），《蚂蚁与人》（*Ants and Men*），第八章和第九章。

验。但是在温血动物乃至某些鱼类中，似乎生存所要求的习性是由一种情绪器官控制的。我们几乎不可能找到直接证据，证明另一种生物具有主观意识，但即使是日常生活中最严谨的哲学唯我论者，也会假定他人有情感。人们一度认为动物有情感是感情用事而且也不科学，但是现在潮流已经转向了，如果认为人在各方面都与自己的同胞完全不同，更被认为是感情用事了。①

视我们自己的情感植根于由生物学决定的器官，需要一定程度的超脱。以饥饿为例。我们认为我们想吃东西是因为食物乃生存所必需，但事情又绝不是那么简单。想吃东西是因为我们被赋予了一种让我们感到饥饿的器官，而我们之所以有这种器官，是因为一个物种没有这种器官将无法生存。患有某些疾病的病人会完全没有食欲，因此，将外部物质强塞进人体内不仅让人生厌，而且令人憎恶。认为食物乃生存所必需，这种智识观念并不足以解决这个问题。

一个物种的生存与性吸引和母性奉献的关系也许更为明显。即使在这方面，人类和其他物种之间的相似性，也可以说是由生存的需要重新塑造的，而不是直接遗传的。因此，在许多人类社会中，家庭生活是围绕占有欲和男性嫉妒而组织起来的。在任何一座花园里的一群鸟中，我们都可以观察到这一点。康拉德·洛伦兹*在

13

---

① W.H. 索普（W.H.Thorpe），"人种学和意识"（Ethnology and Consciousness），载《大脑和意识体验》（*Brain and Conscious Experience*），约翰·C. 埃克尔斯（John C. Eccles）编。

* 康拉德·柴卡里阿斯·洛伦兹（Konrad Zacharias Lorenz, 1903—1989），奥地利动物学家，现代行为学奠基人之一，动物习性学的创始人。1973 年与廷伯根和费里希因对动物行为模式的研究而共同获得了诺贝尔生理学或医学奖。——译者

对灰雁的研究中对此进行了充分的描述。[①] 但我们的表亲黑猩猩显然不在这一范围内。[②]

在习性问题上，要求个体遵守规范的压力不如在体格方面那么严格。洛伦兹笔下的鹅的标准模式是终身一夫一妻制，但很少有夫妇符合这种模式——这就导致了这样一种说法：毕竟，鹅也和人一样！[③] 有时候，显然很偶然，形成了两只公鹅组成一对夫妇的情况。相比较于正常配对的雌鹅和公鹅，这对公鹅夫妇更雄壮、更煊赫，因此这对夫妇很是健康幸福。从它们个体生活的角度来看，它们是成功的，但经常发生这种情况的物种就会灭绝。

个体之间某种程度的变异不仅可以容忍，而且实际上对物种有利，因为有用的习性可以由不墨守成规的个体开创。

在每个群体中，总有些个体比其他个体更富有冒险精神，更大胆、更好奇。试一试这个试一试那个，某个天才就发现了（比如说）一种新的营养品来源，通过模仿这个发现传播开来。这在历史上一定是经常发生的事情，就像海鸥第一次学会跟随犁铧寻找虫子，或者，在伦敦公园里寻找有可能拿出面包的人。最近就有一个这样的例子。自从人们开始将用锡箔纸或硬纸板做盖的奶瓶放在门前的台阶上，山雀已经学会了如何喝奶油。（英国第一次有记录的观察是在 1921 年；在荷兰，鸟的这种习性在战争期间因缺少奶瓶而消失，1948 年后又重新出现。）在许多不同的地方，某些特定的个体发现

---

① 洛伦兹，《论攻击性》(*Aggression*)。见第十一章。

② 维兰 (Verun) 和弗朗西斯·雷诺兹 (Francis Reynolds)，《灵长类动物的行为》，欧文·德维尔 (Irven DeVore) 编，第 420 页。

③ 洛伦兹，《论攻击性》，第 167 页。

奶瓶是一种可口饮食的来源，有时，它们在第一次啜饮的几年之后
14 才发现这一点。大概是因为大群的鸟都在模仿每个临近区域的带
头者，所以这种习性从一些独立的中心向更广的圈子蔓延，并将新
的知识代代相传。①

我们可以从英国的欧金翅雀身上看到药物成瘾的传播。欧金
翅雀以一种观赏性花园灌木的浆果为食，这种浆果能致鸟类产生醉
意。据信，这种习性是由英格兰中部地区的一只金翅雀开始的，后
来以每年几公里的速度向北和向南扩展了一个多世纪。②

尽管鸟类似乎有一种类似于我们人类的情感器官，尽管像学习
抢奶瓶这样的事乍一看似乎意味着对问题本质的洞察，但鸟类的概
念器官与人类的截然不同。它们能够对特定的刺激做出反应，但它
们不能分析某种情况。因此，系在棍子上的一束红色羽毛会激发知
更鸟展示对雄性对手的所有敌意。如果我们将不同颜色的瓶盖盖
在奶瓶上，不同地区的山雀只专注于一种或某种具体的颜色（或许
就是某个地区的带头山雀碰巧第一次见到的那个颜色），而不去理
会放在同一门阶上的其他颜色盖子的奶瓶。这似乎排除了深入了
解是这类发现的一个因素的可能性。相反，这一过程包括了反复试
错，群体中只有少部分个体具有进行新尝试的倾向，但大部分个体
只有模仿成功尝试的能力。

---

① 詹姆斯·费舍尔（James Fisher）和 R.A. 辛德（R. A. Hinde）的"鸟打开奶瓶"
（The Opening of Milk Bottles by Birds），载《不列颠鸟类》（*British Birds*），第 42 卷，
1949 年 11 月，以及"鸟打开奶瓶的进一步观察"（Further Observations of the Opening
of Milk Bottles by Birds），载《不列颠鸟类》，第 44 卷，1951 年 12 月。

② W.H. 索普（W. H. Thorpe），《动物的学习和本能》（*Learning and Instinct in
Animals*），1963 年，第 355—356 页。

独创性和独特性对物种是有用的，前提是独创性和独特性不能太多。在大多数情况下，必须使所有物种都遵守已被证明可行的习惯模式。正因为如此，一个物种易受伤害的漫长而无助的婴儿期，会间接导致产生一个社会生活和学习正确行为的系统，从而使物种在演化过程中取得巨大的飞跃。有袋动物对这一系统的需求比胎盘哺乳动物少得多。对它们来说，母亲和孩子各是一个独立单位；长大的幼袋鼠也会爬回母亲的育儿袋中寻求安全。此外，在人类出现之前，澳洲没有出现任何大型食肉动物，因此生存斗争比其他大陆要弱。

在胎盘哺乳动物出生以及为期几年的成长期中，群体生活非常有必要。在某些物种中，群体是指一对夫妇与其孩子组成的"核心家庭"，在另一些物种中，则是指由一群个体或许多家庭组成的庞大群体。

"为什么会存在群体？为什么动物不是独自生活，不说一整年，至少大部分时间不是独自生活呢？原因有很多，但最主要的原因是学习。群体具有远超个体成员的知识和经验。正是在群体中，经验得以汇集并世代传承。延长生物青春的适应功能就是给予动物学习的时间。在动物向本群体中的其他成员学习的同时，也受其他成员的保护。离群状态下的缓慢发展对个体只意味着灾难，对物种则意味着灭绝。

*　　　*　　　*

"强调学习行为的重要性绝不是贬低生物行为的重要性。事实上，学习可以使物种从生物演化的适应性背景中获益。一个物种通过行为来表达自己的生物特征，并限制了可学习的内容。物种通过选择的演化建立了生物学基础，因此很多行为很容易、几乎必然就学会了。"[1]

印度象的社会发展能力和解决问题的智力水平明显高于狐猴。但狐猴在演化过程中引进了立体视觉和一双手。事实证明，这种形体和智力上的发展才是前进的方向。狐猴似乎具有为大群体的社会生活提供基础的高度发达的情感器官，但它们无法与智慧的猴类竞争；它们现在只能生活在没有被猴类入侵的马达加斯加岛。[2]

每一个物种的经济生活都包括调整个体数量以适应食物供给，这种情况通常是以确定一片领地的财产为保证，这一领地由家族或群体保卫，以防御其他同类，但不防御食性不同的其他物种的成员。[3] 通过这种方式，每一个物种都分布在适合它居住的地区，每个家庭都有自己的谋生手段。这一机制适用于许多种类的鸟类和哺乳类动物，甚至适用于昆虫。它也提供了确切的证据，证明了适应生活的技术必须性，而不是共同的传承。比如，知更鸟一年四季都在严格实行其他许多鸟类只在繁殖季节才执行的规定。[4] 在食物丰富而天敌罕见的地方，比如对大猩猩来说，领地的概念就相当模糊。[5]

---

① 舍伍德·L.沃什伯恩（Sherwood L.Washburn）和戴维·A.汉堡（David A.Hamburg），《灵长类动物的行为》，第613页，另见第620页。

② 艾莉森·乔利（Alison Jolly），《狐猴行为》（*Lemur Behaviour*）。

③ 沃什伯恩和戴维·A.汉堡，《灵长类动物的行为》，第615页。

④ 戴维·莱克（David Lack），《知更鸟的生活》（*The Life of the Robin*）。

⑤ 沃什伯恩和戴维·A.汉堡，见上述引文。

保卫一方领地的方法多种多样。知更鸟通过清脆的鸣唱来宣示自己的主张，并会奋力反击闯入领地的其他红胸鸟。吼猴面对有威胁的入侵者，以大呼小叫来应战，狐猴的应战方法则是释放熏天的臭气。在上述任何一种情况下，战斗都有一种仪式性质。主队每次都会胜出，入侵者则承认失败。一个物种会冒着灭绝的危险而奋力死拼。

一旦宜居之地人满为患，就必须要有某种机制来控制物种的数量。一个无节制增长的物种迟早会破坏自己的食物供给，成为饥荒和自相残杀的牺牲品。但在灾难发生之前，食物的短缺会阻碍繁殖，并提高幼崽死亡率。此外，随着一个物种的成长，它也为肉食动物掠食者提供了更丰富的食物，从而保持了"生态平衡"。人们注意到，在几乎没有强大敌人的狮子中间，父亲的嫉妒阻止了幼崽的进食，因此能够长大的只有少数最强壮的幼崽。在某个种类的短吻鳄中，刚孵出的幼鳄就是雄性鳄鱼最喜欢的食物。

在群居动物中，领土似乎并不仅仅具有经济重要性：

"我们可以通过狒狒在两个群体间变动的例子，来说明居住在一个已知区域的适应性优势。在狒狒变换群体之前，我们已经对两个群体做了研究。已知这只狒狒是一只成年雄性狒狒，一直跟在其中一支队伍旁边活动。在这支队伍里，有五只成年雄性狒狒一直监控着它的活动，每当这只狒狒试图进入这个群体时，它们就会把它逼到群体的边缘。后来这只狒狒转向了另一个群体，并击败了这个群体中唯一的一只成年雄性狒狒。这样，它成了这个新群体中居统治地位的成年雄性。它进入的这个群体一直在维多利亚瀑布旁的公园里游荡，甚至可能是非洲最驯服的队伍，群体的成员已经完全习惯了人类。新来的这位占有支配地位的雄性狒狒却害怕人类，它躲在灌木丛后面，不敢吃群体中其他狒狒获得的食物。随着时间的推移，它学会了避开人类，学会了偷吃芒果，学会了走哪条道路。六周后，当研究结束时，这只雄性狒狒仍在学习与它在这个群体中的领头雄性身份相适应的行为。

"领地范围是经济的基础，但要开拓领地范围，群体必须了解当地的条件、危险和机遇。尽管这里强调通过学习来适应当地环境，但必须记住的是，各种学习受到物种的生活规律的限制，也受到当地条件和机会的限制。比如，人类狩猎不可能在所有非人灵长类动物的小范围内进行，但人类的采集区域也很广，人类可能会以其他灵长类动物所没有的方式适应季节变化。如果同时考虑到中枢神经系统的相关特征，就可以最好地理解领地范围的意义了。"①

要在一个群体中生活并学会正确的行为，就需要有社会纪律。幼崽万不可迷路，陷入危险之中。它们要通过游戏学习生存所必需的技能，但不能惹恼长辈。队伍在寻找食物的时候要跟随一位公认的头领，还必须有一些训练以避开或对抗敌人，群体还必须共同行动以保卫自己的领地不受竞争群体的进犯。满足纪律所需的机制是建立一个等级制度。排序首先由一般类别来决定：通常按年龄排

---

① 前引书，第616—617页。

序，年长（在衰老之前）的排序高于年轻的，在某些物种中，雌性的排序高于雄性，但在许多物种中，雌性低于雄性。在这些普通类别中，每个个体都有排序。我们可以在鸟类中观察到这一制度，啄序（pecking order）这一说法已经进入我们的语言。研究发现，雄性寒鸦之间已经建立了啄食秩序，而配偶则通过婚姻在等级制度中占有一席之地。[①] 19

确立一个个体对其他个体的支配地位的通常方法与保卫领地所用的方法相同。因此，狐猴们在用气味标示自己的领地的时候，一只狐猴会用臭味大战来挑战另一只狐猴，胜利者则会在失败者承认失败时确立自己的统治地位。洛伦兹指出了投降仪式的重要性，以及在失败者的投降信号发出时，胜利者身上具有的一种能够阻止进一步攻击的机制。（通常情况下，不爱打架的鸽子缺乏这种机制，所以，当它们偶然被关在一个笼子里因意外而打架的时候，它们会打到至死方休。）[②]

事实上，有一个让人好奇的故事已经证明，承认强者的支配地位的反应和追求对弱者的支配地位的冲动一样，都是与生俱来的。一只狐猴因为偶然而被另一只狐猴接纳。这只狐猴没有它们特有的臭腺，也没有识别臭味的能力。因此这只狐猴从来不清楚自己什么时候被打，以及什么时候从这群狐猴中脱颖而出上升到统治者的高位。[③]

---

① 洛伦兹，《所罗门王的指环》（*King Soloman's Ring*），第 147 页及后文。

② 洛伦兹，《论攻击性》（*Aggression*），第 207 页。以及《所罗门王的指环》，第 183—185 页。

③ 乔利（Jolly），同前，第 123 页及后文。

以前人们认为，等级制度的要点在于再生产——德高望重的元老娶的老婆最多。公鸡和牡鹿可能是这样，但猿类显然不是这样。雄性黑猩猩在其他方面具有高度的地位意识，但也可以看到它们友好地排队等候一只发情的雌猩猩，而不是等级优先。①

家庭和社会关系——母亲的照顾以及同龄人的挑战——对于培养和发展个体情感器官非常必要，反过来，情感器官也使动物的社交生活成为可能。（研究发现，丧失了家庭和社会关系的猴子是在心理畸形的情况下长大的。）

社会生活需要沟通交流。类人猿通过手势、面部表情和声音进行交流。它们的发声在很大程度上传达的是情绪和态度，而不是信息。

> "到目前为止，整个交流体系中最重要的部分，似乎都是致力于组织本群体的社会行为，维持本群体的和平与凝聚力，繁衍后代和照顾幼崽。猴类和猿类个体间的关系相当复杂，因此需要一个足够复杂的交流体系。但除了具有表示潜在危险的信号之外，交流体系很少应用于处理群体以外的事情。"②

此外，类人猿在模仿声音和学习重复发声方面没有表现出鸣禽所具有的高度发达的才能。③ 它们的信号不可能发展成一种可以传

---

① 珍妮·古道尔(Jane Goodall)，见《灵长类动物的行为》，第 455 页。

② 彼得·马勒(Peter Marler)，见《灵长类动物的行为》，第 584 页。

③ 索普和诺斯(W. H. Thorpe and M. E. W. North)，"语言模仿的起源和意义"(Origin and Significance of the Power of Vocal Imitation)，载《自然》，第 CCVIII 卷，第 5007 号，1965 年 10 月 16 日。

授给它们孩子的正规语言。

　　不论类人猿是在哪一点上从演化的主干上分叉出来，社会生活的要求在它们中产生了许多我们在自己身上才意识到的特征，包括爱、野心、忠诚和对外来者的敌意。社会生活需要通过学习来传递知识和技能；这会产生一个基本的道德问题，即个体与群体之间的利益冲突，而这个问题可以通过遵守公认的行为准则来解决。在任何一支队伍中，每个个体间的能力和性情都存在显著的差异；有的 21 有游戏和娱乐的能力，有的有一种打扮的基本乐趣。人类曾经被定义为制造工具的动物，但现在人们发现，黑猩猩为了特定用途也会拿东西来做工具。[①] 人类的显著特点是发明了语言，语言能够传达关于不在眼前的事物的信息，并使人对未知事物的思考成为可能。类人猿有行为方式，但正是语言造就了人类。

---

　　① 雷诺兹，见《灵长类动物的行为》，第 380 页，以及珍妮·古道尔，见《灵长类动物的行为》，第 440 页。

2 孤离的经济体

可以这么说，当人类意识到概念性思维时，他大概已经具有了至少和黑猩猩相当的社会组织水平。他知道吃什么，知道在哪里找到食物。他已经习惯于接受某些行为准则，并认可家庭关系。

就像在澳大利亚生存下来的有袋类动物和马达加斯加的狐猴揭示了它们从演化的主干上分叉出来时所处的物质演化阶段一样，某些从历史进程中逃离开来的人类群落，也揭示了原始人的社会发展，但这些社会本身并不是原始社会。

今天还存在的有袋类动物已经沿着它们自己分支的演化道路走得很远了，远到已经摆脱了胎盘类竞争对手的影响。狐猴有高度发达和差异化的社会生活模式，尽管它们在智力还没有差别很大的时候就分叉了。同样，人类学家研究过的人类社会群体有着高度复杂的语言和习俗，与黑猩猩相差甚远。

每个物种都以自己的方式在发展。相互之间有接触的人（不管是友好的还是敌对的），都会把有不同语言且对正确的行为有不同看法的对方视为"与我们不同的人"。地理上的偶然因素使他们或多或少与伟大文明的影响完全隔绝，从而为我们的这个自觉时代提供了关于人类生存问题的各种各样解决方案的实例。（社会提供了一种介于孤离和连接之间的两可情况，比如非洲的一些伊斯兰部

落，他们名义上采用了这种或那种伟大的世界性宗教，但不允许宗 23
教对自己的传统生活方式产生太大影响。)

　　尽管已经发掘了许多类人猿头骨，但语言的演化模式也许永远
无法被发现。观察显示，类人猿缺乏模仿新声音的能力(鸟类，也
许还有海豚都具有这种能力)，这表明，演化的进程在类人猿离开主
路走上旁道之后，有了巨大的飞跃。语言及其所带来的社会和技术
创新显然具有生存价值。毫无疑问，语言是在自然选择的压力下演
化而来的，就像其他能力，比如战胜了狐猴的猴子所具有的解决问
题的智力那样。但一旦形成了概念性思维，可以这么说，事实证明，
它就具有了超出物质存在所需条件的巨大可能性。意识与环境、自
由与必然的相互作用，是人类生活的特征，是语言习得的结果，而
不仅仅是人类生存的技术优势。

　　这一点可从我们所了解的民族(他们只是现存民族的一小部分)
所使用的语言和语言形式的丰富和精致中略见一斑。人们发现，他
们对生活的看法富有想象力；他们在诗意的传说中描述了自己的起
源和周围的自然现象，他们创造了各种各样的神仙和鬼怪。毫无疑
问，对于一个社会的凝聚力而言，拥有自己的神话是很重要的，但
神话的具体内容并不受必然性的约束；它可以自由地采取任何形式
的想象或根据内在需要来构建内容。在许多鸟类中也同样如此，雄
鸟会展示一种具有特殊图案的亮丽羽毛，只有雌鸟才会对此做出反
应；但到底是什么颜色并不重要，只要它们是这个物种的颜色而不 24
是其他物种的颜色就行。心理学家观察到神话中的许多共同主题，
这些主题似乎与个人情感生活中的元素相对应。[1] 因此，从另一方

---

　　① 参阅安东尼·斯托尔(Anthony Storr)，《人的攻击性》(*Human Aggression*)，第
48页。

面来说，用环境的巧合来解释相似性比用由传统的共同继承所致来解释要更好一些。

那些幸存下来有待人类学家研究的封闭的社会群落，除非他们的生活方式已与周遭环境相适应，否则他们不可能生存下来，但他们所讲的关于自己的故事与经济事务关系不大。动物对非经济活动并不陌生。鸬鹚的经济生活全在水面上，它们在白鹤的陪伴下在高空翱翔。在许多物种中，优势序位的完善似乎比对社会行为准则的需要更重大，它给予生物一个生命的目标，而不仅仅是维持生命。

在与世隔绝的社会中，经济活动似乎并不是以经济目的为目标。惯常的生产方式提供了惯常的需要；间接而言，惯常需要只是为了维持生存；直接而言，惯常需要则受到宗教体系和以各种方式逐步确立的家庭责任的制约。在所有这些社会群体（以及事实上在历史文明）中，都非常重视亲属关系、乱伦禁忌和家庭关系。全人类的婚配、亲子关系和血亲关系都是相同的；人类凭借语言赋予的思考能力，通过出生和婚姻建立了许多联系模式；经济生活交织在每一种模式的权利要求和责任体系中。此外，还必须向祭司、长老或酋长献祭。即使人们期望把这些祭品重新分配给他们，有些祭品通常会留在受赠者那里，但人们并没有觉得不应该，因为在敬奉酋长或诸神时，人们满足了他们自己的荣誉感。[1]

我们不可能准确界定超过生存所必需的生产剩余，因为我们不可能准确定义生存。正如我们所知，需求会随着满足需求的手段的

---

① 乔治·道尔顿（George Dalton），《部落经济和农民经济》（*Tribal and Peasant Economies*）（由他本人编辑），第73页。

增加而增加。尽管如此，在任何一个社会里都有一种观念，即日常食物和一些特别的食物之间有某种程度的区别，比如宴客的食物或是节日的食物或是上贡的食物。生产盈余品的迫切要求是仅对生存有用。它提供了可以在匮乏之时放弃的余量。够了其实是不够的。就像我们需要饥饿的刺激来让我们进食一样，要保持经济持续发展，也需要有良好的声誉和适当的行为来激励。

在所谓的文明社会中，只有贫困的人才每天焦急地寻找生存的手段，而富有的人则可以沉迷于无谓的活动；但如果我们把富裕社会和贫穷社会做一个比较，往往会出现相反的情况。这些被发现并纳入"人均国民收入"参照系的孤立的社会群体，规模都不大，但对于其中的许多社群来说，致力于非经济目标的精力、技能和精神活动所占的比例远高于我们。

在种植山药和采集椰子不需要太多劳动的南太平洋诸岛，这种情况已经发展到了一个相当的程度。人们已经在几个社会群落中围绕没有直接用途的物品开发了各种高度复杂的社会评分系统。其中最著名的是马林诺夫斯基（Malinowski）观察到的库拉现象（Kula）。[①] 包括特罗布里恩群岛在内的一系列群岛大致构成了一个环状圈；居住在那里的人们利用这个环状圈建立了一个岛与岛之间以及岛与外海之间传递礼物的伙伴关系体系。一套红色贝珠的项圈 26 是按顺时针方向送过来的，而白色的臂镯是按逆时针方向送来的。伙伴之间的关系并非直接交换关系。双方都没想要回报，但双方都期望在适当的时候得到同等的礼物。礼物绕着环状圈流动，因此大

---

① 马林诺夫斯基，《西太平洋上的航海者》(*Argonauts of the Western Pacific*)。

约每十年左右，某件具体的礼物会在每个岛上重新出现一次。这种给予而不是接受的关系，为个人和他们的部落建立了荣誉和威望。

赠予礼物以及接受礼物意味着接受一种责任，这种荣誉观在许多社会群落中发挥着重要的作用。荷马时代英雄之间交换铠甲和财宝就是在这种模式下进行的。[1]（这在我们中间也有类似的残存，比如，宴请和回请，或者敬酒和回敬的习俗。）

尽管库拉交换没有任何经济目的，但它们具有重要的经济后果。岛上的居民不得不投资于独木舟，并囤积食物以供航行时食用以及款待来访的伙伴。（航程通常有数百英里，需要历险和航海技术，这使马林诺夫斯基称岛上居民为阿尔戈英雄[*]。）每个部落都有获取盈余的动机和可以接受的消费盈余的方式。此外，经济贸易是假借交换仪式的遮掩进行的。航海者携带的是前去探访的岛所没有的物品，用这些货物来交换自家所需的物品。

大洋洲人民中有许多围绕非经济目的组织经济生活的例子。在新几内亚的马勒库拉岛的民族中，存在一种对猪獠牙的崇拜。[2]他们通常会将与獠牙摩擦的上牙拔掉；让獠牙长成螺旋状。某些需要付钱的事情，比如给付彩礼以及通奸赔偿，都必须用猪獠牙来支付；贷款也可以用猪獠牙来偿还，獠牙增长的长度可以作为利息。对猪獠牙的崇拜刺激了经济活动，因为养猪就要给猪喂食，让猪享

27

---

[1]　见芬利（M. I. Finley），《奥德修斯的世界》（*The World of Odysseus*），第 3 章。

[*]　阿尔戈英雄（Argonauts）指希腊神话中跟随伊阿宋乘坐快船"阿尔戈"号觅取金羊毛的五十位英雄。——译者

[2]　见约翰·莱亚德（John Layard），《马勒库拉岛的石人》（*Stone Men of Maleku-la*）。

受盛宴。因此，这一社会群落中产生了超过其当前需要的剩余，可用于追求人与神之间的荣誉。

罗塞尔岛[①]上还有一个体系在我们看来更是精心杰构，尽管对这个体系的实践者而言无疑很自然，也很明白。岛上有两种贝币，每种贝币都有决定其每一枚贝币交换价值的等级制度，但这些价值只适用于特定的交易。一种贝币专门用于婚礼，另一种贝币是付给因食人宴而被屠宰的某人的亲属，诸如此类。岛上还有一种计息贷款制度，但每种特定类型的贝币都有其特定的还款要求，因此并没有确定一种贝币与另一种贝币的交换价值。某些实用物品或礼仪性物品可以用一些低等级的贝币交换，但交换的大部分原因是为了获得声望，而不是为了获得物质财富。

通过获取财富、继承财富和继承地位来攀登地位金字塔的概念，与贷款价值和期限相关的利息概念，在出借人和借贷者之间进行协商的金融职业人员的出现，所有这些情况在现代观察家看来，似乎与我们自己的经济生活特征十分相似，但岛民的制度和动机与我们的截然不同。为牟利而雇用他人劳动的情况不得而知；对生产资料比如独木舟和渔具的投资，仅限于自己家庭所能使用的范围，或是一个合作群体可以合作使用的范围。

如果只有一个单向的积累过程，少数家庭拥有了所有的礼尚往 28
来的钱财，就会毁掉这个游戏。礼尚往来，比如婚礼和葬礼的礼金，或是在一个人死后分配他所积累的东西以保证他的灵魂有一个满

---

① 参阅洛兰·巴里克(Lorraine Baric)，载《农民社会的资本、储蓄与信贷》(*Capital, Saving and Credit in Peasant Societies*)(雷蒙德·弗思和 B.S. 亚米编)，以及乔治·道尔顿，载《部落经济和农民经济》(*Tribal and Peasant Economies*)。

意的来世，都有助于保持贝币的流通。

在罗塞尔岛，经济财富的积累（与赋予身份的贝币相反）受到一个人以请客来挑战另一个人的习俗的制约。随后，接踵而至的一场竞赛就看谁能挥霍掉更多财富。

在加拿大西北部的印第安人中发展出一个高度发达的制度，该制度致力于持续且积极地积累财富，并没有因财富的逐渐集中而使自己失去活力。[①]一个人可以通过出生、结婚或在战斗中消灭财富的原持有者而在一个固定的荣誉等级制中获得一席之地。为了确认头衔的继承权，需要举行一个夸富宴，在夸富宴上向聚集一堂的整个部落尽最大可能地分配财富。对宾客而言，每一场夸富宴都是必须通过更多的财富分配来满足的连番挑战。比赛中登峰造极的壮举是销毁贵重物品。某些铜盘体现了极致的威望（就像罗塞尔岛最高等级的贝币）；一名酋长可以通过将最宝爱的铜盘投入火中而击败另一名酋长。为了支持自己的酋长，使他免遭耻辱，每个部落都在聚积备用物品；普通人则举行小型夸富宴庆祝自己家族的事情；因此，这一体系的巨大能量被激发出来，从而使得生产活动得以充分展开。与皮货商的来往轻轻松松就为部落带来了财富，而工厂制造的毛毡成为夸富宴上的主要货币。同时，人们不鼓励以对抗作为建立社会声望的替代手段。夸富宴体系已经畸形发展，财富的分配和破坏也变得越来越离谱。

加拿大政府以正当的经济原则名义取缔了夸富宴，却用了一个

---

① 海伦·科德尔（Helen Codere），《用财产来争斗》（*Fighting With Property*），美国民族学会专论，第 18 号。

世纪的时间才杜绝了这种做法，并使骄傲的部族成员只能在文明社会的底层谋生。

上述例子说明，一个群落的经济合理性如何作为完全没有经济意义的个人信仰和情感的副产品而得以保存。另外还有一些孤离社会的例子，在这些社会中对经济事务的态度要直接得多。

例如，下面所述是中非一个名为布尚（Bushong）的部落的例子。

"对布尚人而言，工作是致富的手段，财富是取得地位的手段。他们非常强调个人努力和成就的价值，也准备在需要提高产出的时候，在一段时期内持续进行大量合作。"

"布尚人经常谈论财富，梦想拥有财富，关于财富是升官发财踏脚石的格言常常挂在他们的嘴边。他们将财富、威望和王庭影响力明确地联系在一起。"①

这里的财富具有粮食作物和家庭用品的直接含义，尽管它的主要好处大概是能赢得亲属和客户的尊重。

在他们掌握了一些市场经济的知识后，研究者通过比属刚果政府（Belgian Congo）注意到了这些人。不同的人与资本主义世界接触的反应各不相同。那些毫不费力就进入商业生活的人，或许其生活习俗中就具有相应的元素。 30

值得注意的是，似乎与他们有一定亲戚关系的近邻莱勒人（the Lele），对尊严和声望有着完全相反的看法，且不允许贪得无厌地去获取尊严与声望。②

---

① 玛丽·道格拉斯，载《非洲市场》，乔治·达尔顿编，第 200—201 页。
② 同上。

　　从这些仍然有待现代社会研究的丰富多彩的文化中，我们可以推测，清晰的传统与从原始个体的实验中学习的能力相结合，给了人类极大的自由来构建不受物质需要约束的制度。但同时，每个社会群落的习性都是为了适应其生活环境的需要而设计出来的。

　　太平洋上与世隔绝的社会群落主要通过种植蔬菜来维持生活；他们肯定也养了猪。澳大利亚在人类发展的早期阶段就有人居住，当时的人类像类人猿，依靠从周围采集植物和捕捉昆虫及动物为生。北极中部种不了蔬菜。在那里，人类发展出一种完全依赖狩猎的生活方式。[①] 这种近似于类人猿的情况并不属于原始状况。爱斯基摩人的祖先可能来自习惯于混合膳食的亚洲，他们在冰河时代被困在了这一地区，生存要求他们采取适应当地的习俗。同样，在喀拉哈里（Kalahari）沙漠生存下来的少数布须曼人（Bushmen），不得不过上艰苦而贫瘠的沙漠生活，尽管他们的祖先与狮子一起分享过非洲丰富的猎物。

　　领地制度对于人类和其他生物而言，都具有经济上的必要性；养活一个群体所需的领地面积取决于其所能提供的资源——在干旱的澳大利亚，人就像袋鼠一样，必须"丛林漫游"才能生存。在食物充足的地方，人们才有可能毗邻居住。有时候，同一地区可以为不同社会群落提供部分重叠的领地，而不同社会群落可以根据开发其资源的不同方法建立共生关系。[②]

　　领地上的各类动物通过体现在每个特定物种生物遗传中的各

---

　　① 理查德·李（Richard B. Lee），载《狩猎为生的人》（*Man the Hunter*），理查德·李（Richard Lee）和欧文·德沃尔（Irven DeVore）编，第 42 页。

　　② 见科林·M. 特恩布尔（Colin M. Turnbull），《任性的仆人》（*Wayward Servants*）。

种方式保护自己的生存空间。被语言从固定的行为模式中解放出来的人类,提出了财产或合法所有权的概念。例如,在经济生活是半游牧的澳大利亚干旱地区的原住民中,每个部落都有自己深爱的家园。群体中的成员认定这里就是自己的出生地,即使他母亲恰好是在旅行中把他生于外地。然而,采集食物的范围并非专有;对其他部落的慷慨和好客被视为一种美德。[①] 有些部落在发现闯入自己领地范围的不速之客后,会将闯入者驱逐出境,[②] 但他们也认可在他们的领地所有权范围与邻居的领地所有权范围之间存在一个中间地带。[③] 另一个保护边境的和平方法(在印度可以找到例子)是让每个部落与其相邻部落交换女人,从而整个地区都被一个互相尊重彼此领地的亲属网络所覆盖。[④]

　　一个居住在无法获得某些必需品(如盐)的地区的人类社会,为了生存需要进行某种形式的跨际交换,但他们可能会采用另一种说法为自己解释,或者像库拉那样,即必需品贸易或许是仪式性义务(ritual duties)的附带结果。此外,贸易也并不局限于必需品。

　　新石器时代的诺福克人(Norfolk)就有燧石斧出口贸易,他们 32 从贸易中获得的主要获益似乎是从波罗的海地区进口的琥珀。[⑤] 想必当地资源为他们提供了必需品;毕竟在如此遥远的距离内不可能进行大宗贸易;这些美丽的异国物件也许被赋予了仪式的意义,或

---

① 见 L. R. 希亚特(L. R. Hiatt),载《狩猎为生的人》(*Man the Hunter*)。

② 前引书,讨论,第 158 页。

③ 同上,第 157 页。

④ 见 B. J. 威廉斯(B. J. Williams),载《狩猎为生的人》(*Man the Hunter*)。

⑤ 见 J.G.D. 克拉克(John Grahame Douglas Clark),《史前欧洲》(*Prehistoric Europe*),第 264 页。

者成为社会地位的基础。

我们从不知道这些交换是如何发生的。这种交换可能源于某种比如在太平洋地区发展起来的礼物体系，或者表达一种宗教崇拜。但就我们所知，似乎有一些类似贸易的东西已经开始运作，因为斧子发展成了货币。[①]易货贸易需要双方意见一致，这是经济学教科书中的一个谬误——即我有一把闲置的斧子，而处于贸易对方的你却正好有我想要的琥珀。普遍需要的任何耐用物品都是购买力的载体。你可以用你的琥珀获得比自己所需更多的斧子，并用它们购买你所需要的其他任何商品，或持有它们作为价值储存，以便用于日后的购买或者用来获得财富拥有者的声望。铜的最初用途之一就是制造斧形器，后来才发展成为具有不同面值的硬币的普通货币。[②]

另外一种显然很早就发展起来的国际关系是战争。语言和传统在一个群体内具有凝聚力，但在群体之间却具有特异性。人类都是一个物种，而且（不幸的是他们中的一些人）可以一起繁衍。分离了数千年的种群其基因库中产生了适合他们生活条件的特征——即适应于炎热气候的更深色皮肤和更发达的排汗能力——以及许多似乎没有任何具体用途的功能。这些庞大的种群因语言和神话的差异而被分裂成无数的小部落，其中有些部落现在拿起了武器开始战斗，而这些武器可能一开始是为了捕捉食物或防御掠食者而开发出来的。

在幸存下来可供人类学家研究的民族中，我们观察到了两种不

---

① 见 J.G.D. 克拉克(John Grahame Douglas Clark)，《史前欧洲》(*Prehistoric Europe*)，第 250 页。

② 同上，第 264 页。

同类型的战争。第一种战争是体育运动。在婆罗洲猎取人头的蛮人（head-hunters）中，年轻的男性为了证明自己，必须出门远征并冒险从邻近部落猎取一颗人头，这也是一位酋长在家中去世时必须有的仪式。在马勒库拉，有一个岛被一分为二，这两个部分之间的争端可以通过战斗来解决；小岛和大岛沿岸地区的部族之间也有战争。控制战争的规则是，两边的死者数量必须相等（通常是两个或三个）。因此，胜利者在每一轮战争之后都会处于危险之中，当战争（包括破坏对手的花园）变得招人厌烦时，胜利者会自愿放弃己方的一个人以供牺牲和食用，从而拉平比分并使和平成为可能。[①]当其中的一方从白人商人那里得到了火枪，几乎全歼了另一方时，整个体系就被打乱了。这就铸成了大错，当胜利者发现这件事情毁了他们的整个生活方式时，他们会痛悔不已。[②]

1961 年在新几内亚的一个山谷中发现了石器时代的人，截至当时他们一直过着与世隔绝的生活。[③]对于他们来说，相邻部落之间的战争一直持续不断，包括发动战斗和趁人不备的秘密突袭。每杀死一个敌人后，他们都会在自家举行一次隆重的庆祝仪式，己方每次被杀一个人后，自家也会举行一次精心准备的丧礼并商量复仇计划。杀戮就是身份地位的基础。怯战或不喜欢打架的人则是"废物一个"。虽然人们不会强迫这类人参加战斗，但他们受人鄙视，抢劫这类人也不会受到惩罚。发动战争并非出于经济动机；土地已经为所有人提供了充足的生活空间；人口也因女性堕胎而得到控 34

---

① 莱亚德（Layard），前引书，第 599 页。

② 同上，第 603 页。

③ 见彼得·马蒂森（Peter Mathiesson），《山墙下》（*Under the Mountain Wall*）。

制。① 战利品是缴获的兵器，缴获这些兵器只为荣耀，不为财富。②
部族内也不允许出现谋杀和过失杀人的事情。③

在其他动物中，争夺领地和地位的斗争很少造成死亡，如果出
现死亡，也属于意外事件。投降机制阻止了胜利一方的杀戮。④ 让
人们享受杀戮的情感机制，无疑源于其他动物保卫领地时的愤怒程
度，但在人类这里，这种包容力已经大大增强。研究病态心理学的
学者将仇恨的能力与长期无助的童年所带来的挫折联系在一起。⑤
无论其情感根基是什么，语言和理性似乎催生出了敌人的概念。很
可能是战争造成了仇恨和施暴，而不是仇恨导致了战争。

在体育赛事这种战争中发展起来的性质，在另一种类型的战争
中被转化成重大的目标，即征服。一个民族，凭借先进的技术或严
密的纪律和组织，能够战胜其他民族，将弱者赶出自己的土地，奴
役他们，或要他们纳贡。在非洲和中国的一些地区，依然还有少数
独立于强大的帝国文明的种族统治幸存下来。

第一种战争，如仪式性物品的交易或夸富宴的示范，使社会中
的个人可以为声望而相互竞争。但它需要有生产盈余并能提供消
费盈余的手段。（因纽特人不会沉迷于此，因为他们的生活太艰难
了。）第二种战争是一个群体从另一个群体榨取盈余的手段。这两
个因素都存在于我们的历史中。

---

① 前引书，第 27 页。
② 同上，第 86 页。
③ 同上，第 31 页和第 76 页。
④ 参阅上文，第 19 页。
⑤ 斯托尔，前引书，第 44 页。

在人类发展出的各种类型的社会组织中，只有极少数能够幸存 35
下来并呈现在我们面前以满足现代人的好奇心。这些社会组织虽
然种类繁多但也有许多相似之处。创造这些社会组织的人都有大
致相同的情感机制以及通过语言发展智力的能力。所有这些社会
组织都面临同样的问题，即巩固经济基础、规范家庭生活、建立适
当行为的准则并将其代代相传。这三组问题，即经济、生育和政治，
是人类与类人猿共有的问题。第四组问题，即战争的组织，则是人
类引入的。

每一个问题都有各种各样的解决办法（可能许多方法都经过尝
试但并不可行）；已发现的任何一种解决方法都充满了富于想象力
的合理化，这就使其跟随者明白，他们的解决方法是正确的。不同
社会之间的相似之处有时可以追溯到对共同传统的继承，但大多数
似乎都是出于成长环境的需要而产生的，就像海豚和鱼有相似的外
形一样。

3　土地和劳动

最初的农业形式可能是偶然发现的。或许，当一场森林火灾破坏了植物群落，同时也赶走了猎物的时候，人们才发现，种子会在灰烬中生长；无论如何，现在通过燃烧林木来清理一定面积的森林已经成为一种常规制度。在同一片土地上可以收割两种作物，然后必须移往另一块地。有了足够的领地，妇女可以种植，男人出外打猎，一个民族付出少许劳作就可以养活自己了。用现代行话来说，每亩地的产出很低，但每人每小时的产出很高。[①]与南太平洋诸岛一样，总收入可以是提供习惯消费标准所必需的任何东西，（如果不是为了战争的话）还有多余的产出用以供养酋长、祭司和敬神。（今天，以这种方式生活的人被认为是最贫困的人；这与其他人通过更加努力工作而获得的消费水平形成对比。）

恢复一片森林的全部可耕种能力需要大约 20 年的休耕时间。次生林比原始森林更容易清理；当领地足以一次种植五分之一的面积，并且整个区域至少经过一次耕作时，单位劳动的最大回报才得到了保证。

---

① 　以下论证来自埃斯特·博塞拉普（Ester Boserup），《农业增长条件》（*Conditions of Agricultural Growth*）。

人类的技术和智慧打破了"自然的平衡"。他能以超过人口置换率的速度喂养和养活孩子，从而使自己地盘内的人口密度逐渐上升。首先，可以通过将原始森林里新的区域纳入耕种周期来适应人口数量的增加，但如果没有更多的土地可供利用，每块田地的再利用速度开始加快，休耕时间缩短，以致燃烧森林变得过于频繁，树木无法再生。被毁掉的森林成了灌木丛或草地。 37

不管是出于上述原因还是由于气候的变化，人们不得不学习另一种谋生之道。这就有了一条类似的发展路线，大概是从捕食成群的野兽，比如水牛或驯鹿，到驯养和繁育它们，对此我们所知不多。

在有水的地方，犁铧将农业和畜牧业结合到了一起，定居农耕成为生活的基础。

现在，土地产权的观念逐渐形成。即使在轮作种植制度下，每家每户在焚烧过的田地上拥有自己的田园也是很便利的事情，而且，每家每户都可以用尽可能多的劳力和种子来耕种；当然也可以选择焚烧过的区域来容纳所有的人。没有冲突和法律制度——每个家庭都有权获得他们所种植的作物——的原因无疑太明显了，完全不需置评。这一经济基础也适用于如我们在孤立的社会中所观察到的各种不同的亲属制度和相互责任网络。有了犁铧，法律制度就必须适应新的技术条件。非洲的一些部落至今仍然维持着共同所有权制度。理论上，土地属于酋长，由他按可供使用的劳动力比例来分配土地。然而，家族继承是一个相当明确的观念，因为它把强烈的家庭情感动机作为工作和储蓄的刺激因素来发挥作用，可以证明是一种技术优势。母系继承制是最简单直接的制度（聪明人才知道自己的父亲是谁），但在仍然实施母系继承制的地方，一个男人

38 不得不为他姐妹的孩子而不是自己的孩子贡献收入，让他觉得是很恼人的事情。当畜牧业取代了狩猎，犁铧取代了尖棍时，男性的经济地位开始占据优势，父系继承制开始流行。

中世纪的欧洲已经制定了土地每三年休耕一年的制度，动物在休耕地上吃草并为土地施肥。实施这一制度的整个村庄要制订一个共同的计划；每个家庭在每个区域都有一些土地，这样他们就可以每年都有收成。

根据希伯来律法，土地由个人耕作，但所有人都必须守"安息日"，遵守每七年休耕一年的休耕期；这必然需要用六年的工作时间来积累存货。

亚洲部分地区人口密度很大，这使得土地每年都必须耕种；只要能够灌溉和施肥，就可以在同一块土地上连续种植水稻。动物也必须靠种植的庄稼来喂养。（供养牲畜所需的工时必须计入生产供人食用的农作物的工时中。）在中国的某些地方，农耕的集约程度大到甚至都无法使用牲畜的地步，犁铧也让位给了锄头；人类的排泄物和河泥都被用来作为肥料，有些地区还实行了庄稼两熟或三熟制。

在印度，人口的大爆炸是最近才开始发生的，一对公牛仍然被认为是必不可少的最低装备。

在亚洲，个体耕种是惯常的做法，尽管在某些相互临近的地区，农忙时节的互帮互助也是一种习俗。传统和对已知方法的谨慎依赖几乎与三圃田轮作制（the three-field system）所需的共同方案同样具有一致性。

在哥伦布发现美洲大陆前，美洲的一些地区是由锄头支撑着稠密的人口，耕畜和带轮的推车根本不为人知。

鉴于地理和气候条件，任何地区人口的增长都依赖于每亩土地产出的增加，尽管是以每工时产出的减少为代价。（随着人口密度的增加，无法适应其技术的人口将被淘汰或迁徙以征服其他土地。）人口密度增加所要求的变化可能会给整个社会基础以及技术带来一场革命，比如采用犁铧，就可能是在逐渐持续增加的压力下发生的，比如以畜力取代越来越密集使用的人力劳动结束了土地的分散耕种。

纵观有文字记录的历史，农民一直是文明的受害者，在最近一段时间内，没有被引入市场经济体系或社会主义经济体系的人已经所剩无几，但在分散于各处的留存个体基础上重建一个自由的耕者社会还是可能的。

我们可以设想，如果掌握了足够的已知技术，劳动就成了限制性因素。每个家庭所做的工作不超过其所需，仅限于满足其自身的需求并承担相应的义务，包括对认可的行政和宗教方面的公共开支的捐款。

在这样的经济环境下，几乎一个家庭的全部生产都是为了自己的消费。积累可能包括开辟新的土地、增加牲畜、建房和制造工具。就牲畜而言，积累意味着抑制消耗，比如养一头小牛而不是屠宰它，但其他类型的投资会牵涉额外的工作，而不是克制自己的消费；事实上，由于更艰苦的工作需要更多的热量，他们可能需要额外的消费。

即使在新石器时代，显然也存在专业人士；开采和制造燧石工具以及武器需要知识和技能，也需要获得特殊的自然资源。（特定个体是否为全职专业人士，必须视社会的规模而定。在一个较小的

群体中,专业人士会用部分时间从事普通耕耘者的工作。)专业化
40 需要交换。亚当·斯密认为,在同等物品之间,货物将按生产货物
所需的劳动的量的比例进行交换,但如果按照物品的具体情况,每
种劳动都是不同的,那么等量劳动就失去了意义。毫无疑问,从远
古时代开始,不同的服务就有不同的价值——比如牧师就比理发师
更受人尊敬——而用粮食给铁匠或修葺屋顶者支付的报酬,也必须
设定在一个能使他们达到社会认为合适的生活水平上。由于产量
每年会随天气的变化而变化,这种支付可能是按收成的份额来支
付,而不是按粮食的具体数量来支付。专业人士的知识和他手中的
工具,如同土地上的财产一样,将由父亲传给儿子。不同的继承形
式都有可能存在——父亲去世后由长子来继承(或在他退隐以求解
脱之时,这在佛教社会很常见,在其他地方也有所闻),或由儿子
们共同继承,或在儿子之间或所有孩子之间进行财产分配。结婚可
能需要向新娘的家人支付一笔彩礼,或者从新娘家人那里得到一笔
嫁妆。父权社会通常会有私生子或贵妻贱妾的概念。那些被排除
在继承权之外的非婚生子女和年幼的儿子,除非有其他的谋生方
式,否则将不得不服务于他们的亲戚,由他们提供生计。在形态复
杂的社会里,似乎正是由于男性急于要知道其继承人是否为自己亲
生,才导致了对女性贞操的崇拜,以及对女儿、姐妹或妻子"名誉"
观念的崇拜,正如约翰逊博士所说,女性的贞节至为紧要,因为所
有的财产都依赖于贞节。[①] 在初民的神魅观念中,或许还有其他的

---

① 　詹姆斯·鲍斯威尔(James Boswell),《约翰逊博士传》(*Life of Dr. Johnson*),
艾伦和昂温版,第 2 卷,第 86 页。

根源。在某些社会里，它成为一种嬉戏的基础，就像王政复辟时期（Restoration）的喜剧中所描述的那样——勾引别人的女人，保护自 41 己的女人。在大多数社会中，伴随而来的是通过卖淫制度来调和过度的男性性行为与家庭制度的要求。

家庭问题不仅与生活的经济基础相关，也与社会组织有关。土地和牲畜的产权为身份地位的竞争提供了一个工具——时至今日，我们所说的大人物仍然是指拥有大量财产的人。家庭关系通过财产权被卷入争斗之中。在彩礼盛行的地方，女儿是一笔宝贵的资产；在要求嫁妆的地方，女儿却使得家庭资源流失严重。对一个人来说，有很多儿子在他的土地上为他工作是他的优势，但如果有许多兄弟与他分享土地则是他的劣势。

在任何一种继承制度下，家庭生活的机遇会改变土地财产与为土地提供劳动之间的关系，因此，有些家庭会发现自己拥有的土地比他们能耕种的多，而有些家庭拥有的土地却比他们能耕种的少。此外，性格差异也在发挥作用。有些人勤劳肯干，有些人贪得无厌，有些人不负责任，有些人游手好闲，有些人慷慨大方。这也有一定的抑制积累的倾向。富裕家庭的孩子结婚较早，因此在第三代中，人口数量增加更快，人均土地面积开始减少。但事实证明，这一趋势还是过于微弱，无法抵消要求平等使用土地的压力。

在一个允许家庭间财产不平等的社会中，家庭财产不平等会持续存在。拥有过多土地的人可以利用他人的劳动，或以工资形式雇用他人，或将土地出租给他人，自己与他人分享农产品。无论采用何种方式，财产都成了财产所有者工作之外的收入来源。

在季节性收获农作物的地方，会出现财产收入的另一个来源。

即使是在有可耕地的地方，为了耕种土地，人们需要种子、工具，

42 或许还需要拉重物的牲畜，当然，还需要在从播种到收获的这段时期内维持生存。那些在下一个收获期到来之前没有足够的生活费用的人，可以依靠贷款来维持生活，并承诺在收获期到来之时偿还这笔贷款。由此自然就产生了利息的概念——偿还一笔比拿到的款项稍多一些的还款。因此，一个家庭如果有超过其需要的盈余，就可以放贷收息，进一步增加自己的收入。一个人可以索取的最大利息，是他在可耕土地上劳动一年所能生产的东西和他为了生存所必须消耗的东西之间的差。在这个限度内，价格可以按惯例以某个整数结算。在豪萨人被卷入现代货币经济之前，"对每一位在农耕季节初期告贷的人而言，每借一包谷物，就得在收获时偿还两包；如果出借人较为慷慨，每借两包，偿还三包"。① 因此，一个拥有两倍于他所需消耗量的谷物的人，可以吃一半并借出一半。他会在下一个收获期到来时收回全部谷物，然后再借出一半，他可以不做任何工作，也不做任何储蓄，继续无限期地以"非劳动收入"为生。收取50% 而非100% 费用的慷慨的放贷人，想必是一个不想占尽贫穷邻居好处的地主。希伯来律法中禁止收取利息以及每逢禧年（jubilee year）就取消所有债务的规定，就是设计出来用于检查以利息为来源的积累。根据贷款制度，人们发展出了土地抵押担保制度。这就使得富裕家庭可以获得违约债务人的资产。失去土地的家庭不得不沦为雇佣劳动者或佃户。由于家庭生活与财产息息相关，形成了

---

① 弗思（Firth），前引书，第30页。弗思教授坚持认为，由于收获期后玉米价格下跌，以市场价格计算的还款价值被抵销，但就玉米而言，这与财产性收入的产生无关。

相互联姻的土地所有者阶级，以及只能把贫穷留给子女的劳动者 43
阶级。在多种语言中都讲述过爱情与责任之间悲剧性冲突的浪漫
故事。

　　一个拥有足够的土地来养活自己的独立家庭，可以尽自己所能
地工作。（这种自由也是有限的，因为在三圃田轮作制中，耕种必
须共同进行，但即使在这种农耕制中，有些人也可能会比其他人遇
到更多的困难。）无论是耕种更大面积的土地，还是从事例如除草
之类的更密集的劳作，一个家庭一年投入了更多的劳作，就会获得
更多的产出。他们的目的是在不过度劳累的情况下，尽最大可能生
产出生活所需的一切。用经济学家的行话来说，他们会平衡收入的
效用和工作的无效用。没有土地的家庭将不得不更加努力地劳作。
必须拿出一块土地的一半总产量才能获准耕种这块土地的收益分
成制佃农，如果他想吃得和自由农家庭一样好的话，他的产量必须
是耕种同样面积的自由农家庭生产量的两倍以上。（需要两倍以上
是因为，他要把总产量的一半付给别人，还必须从自己的那一半中
留下来年的种子。）为了获得两倍的产量，他必须加倍努力地劳作。
用经济学家的行话来说，在既有的农业技术范围内，某一特定地区
的劳动报酬在某一特定时间点后会出现递减，可以说，在一年内额
外工作 10% 的工时会产生不到 10% 的额外产出。根据土壤的性质
和使用的技术，他可能无法生产出足够的粮食来维持与独立家庭
相同的生活水平，因此，他不仅需要更努力地劳作，而且需要吃得
更少。

　　另一方面，土地所有者家庭可以比自由农家庭消费更多而劳作
更少。他们获得盈余的第一个用途，通常是不让自己的女人到田间

劳作。第二个用途是雇用仆人或家奴，这样他们的女人也不必在家
操持家务，最后，儿子们也可以免除劳作。他们还雇用代理人和壮
汉来确保佃户付清田租，牧师与他们分享了丰盛的食物之后，则向
贫苦人宣讲顺从的观念。

　　任何时候，租金和利息的水平都是由惯例并用约整数确定，但
在这种情况下，也存在一个大概的供需因素。当人口增加时，对土
地的需求也在增加。地主可以用更小块的土地招揽佃户，而佃户为
了生存必须更加辛苦地劳作。随着既定地区总产出的增加，地主的
收入也随之增加。即使有土地可供新来的移民耕种，面对土地，两
手空空的穷人也无可奈何。然而，地主可以安置新来的村民，并在
他们有能力进行支付之前，根据他们的需要为他们垫付款项。用经
济学家的行话来说，人口的增加减少了劳动的边际产出，提高了土
地的边际产出，因此使平均收入下降而土地所有者的财富增加。

　　马尔萨斯的学说使 18 世纪的人道主义者大吃一惊，马尔萨斯
认为，世界各地的人口增长超过了食品供给的增长，人口将因困苦
和饥饿而受到遏制。从上述对家庭土地所有权的重要性的分析中，
我们似乎可以清楚地看到，当一个人（利用现有技术）在一年内所
能提供的最大劳动量不能产生足够的收入来维持生存时，就会出现
马尔萨斯所说的不幸。但这样一来，他就没有余钱可以交给地主或
放贷人了。在这一阶段到来很久之前，他们的苛捐杂税已经使他陷
入了悲惨的境地。

　　然而，如果没有地主，就没有剩余产品，因为自由农家庭不会
有动机去生产多于消费所需的东西。

4　种族与阶级

财产与家庭关系交织在一起可能会在和平条件下产生出某种类型的土地所有者，但财产最常见的来源是战争。我们不知道战争最初是作为一种运动还是作为一种狩猎形式（在其他猎物稀少时以猎捕人类为食）发展起来的；我们也不知道世界上有没有任何一个地区（或许北极圈除外）能够以某种形式免受战争的影响。

在技术水平相同且武器威力不大的相邻地区，比如在新几内亚观察到的石器时代的相邻民族，[①] 战争可以无限期地打下去。随着技术水平的提高和金属工具的使用，可以不太严谨地称之为封建主义的阶级制度开始形成。士绅们战斗并组织战斗，而耕作者有义务通过提供超出其自身消耗的农业剩余来支持他们的战斗，并让自己的儿子应征入伍。每个地区的耕作者都有强烈的动机支持他们本地区的士绅，如果不这样的话，另一个地区的士绅就会袭击并屠杀他们。

当一个集团可以用更多的数量、更优越的组织、一位有权势领袖的出现，或在武器和战术方面发展出更高水平的效能来压倒另一个集团时，战争就成为一种征服。

---

① 　见上文第 33 页（见本书边码）。

在世界的许多地方，在现在已被历史遗忘的时代，一个民族把另一个战争装备较差的民族赶出了自己的土地，并在那里定居下来。近年来，当班图人（Bantu）从布须曼人（Bushmen）手中接管南非时，以及当基督教徒接管北美洲时，我们都可以看到这一点。

46 更多的时候，被征服的民族继续劳作，并将自己的生产剩余交给新的主人。如果征服者形成了一种社会等级制度，耕作者劳作的土地会被分配给士绅，低层阶级则被提升到由这片土地上的老居民所构成的新的最低等级之上。

战争的另一个经济用途是俘虏奴隶。在许多非洲王国，当士绅们忙于战争的时候，利用奴隶耕种土地的制度就出现了。最著名的例子（现代的除外）是雅典帝国。（斯巴达人对被俘奴隶的依赖程度，低于对称为黑劳士［helots］的土著居民的依赖。）然而，一个社会不可能只由士绅和奴隶组成。社会必须要有认同士绅身份的足够数量的下层自由人口，才能让奴隶遵守秩序。在雅典，贵族是指那些拥有足够多的土地和奴隶来供养他们的儿子成为骑士（horse-riding knights）的家族，而步兵则是由拥有少量奴隶并自己劳作的自由民担当。管理这些庞大庄园所需的监工和打手，往往是士绅们提拔的奴隶，他们的奴隶同伴则在他们的监管下继续劳作。像汤姆叔叔这样的家庭奴隶，则不太需要使用武力来让其遵守秩序。因此，持续的战争是维持新的俘虏供给的必要条件。[①]

还有另一种由中央政府同时控制了军事和民政事务的组织形

---

① 见摩西·芬利（M.I.Finley）编，《古典时代的奴隶制》（*Slavery in Classical Antiquity*）。

式；权力和权威体现在一个君主王朝的继承人——即一位法老或是一位印加王——身上，他们声称有权直接从耕种者那里获取贡品，并将剩余部分再分配给他的行政官员和军事指挥官。

一个军事力量中心可以通过两种方式增加收入。第一是征服邻近地区的政府，由他们负责索取贡物，他们不得不从自己人民的剩余财产中榨取贡物。第二是在边远地区建立统治当地人的殖民定居点，或者（用奴隶或殖民者自己的劳动）耕种他们的土地，并要求汇款给祖国。 47

封建主义、中央集权、帝国主义和殖民主义——这四种从农业剩余中为统治阶级获取利益的方式，从新石器时代到今天的整个历史过程中，一直以各种不同的排列和组合不断重复出现。

无论土地是由奴隶、农奴还是由农民耕种，土地的产出剩余都是由独立的士绅、君主或帝国的官员占有，因此经济关系的主线是相同的。产出剩余部分用于维持一个军事机构，部分用于支持士绅阶级的生活水平。士绅阶级的家庭消费带动了手工业生产的大幅度增长。武器、服饰、家具、马车以及供奉众神的艺术品，都需要专门技能。自由村民中为数不多的朴实手工匠人由耕种者供养，现在，工匠们成了富裕阶层的委托人，通过满足富人们对威武、舒适和铺张的需求，赚取一部分佣金。

如果一百户农家都把一半的农产品交给一个地主，地主家里吃不了的粮食就是一位农耕者所吃粮食的一百倍（除此之外，肉类、水果和蜂蜜也可以作为额外的东西提供给他的家庭）。他拿出部分粮食用于支持农业原材料（丝绸、棉花或羊毛）的生产者和采矿工或护林人，其余部分则交给他的委托人。这些人中的建筑商和制造商部分满足了彼此的需求。因此，农耕者拿出的这部分粮食，通过技术和工艺转化成巨大的财富和辉煌。

48　城市是围绕着人类和家畜可以躲避攻击的城堡以及围绕庙宇和宫殿发展起来的。在耕种者与地主之间出现了为满足富裕家庭和分享其利益的牧师和学者需要的中间阶层，其中包括手工匠人、商人、理财人员、职员，等等。

如果维持了很长一段时间和平，庞大的人口聚集就形成了大城市，并由耕种者以各种方式生产和售出的生产剩余提供必需品。

城镇居民与耕种者的比例取决于土地的肥沃程度、已知农业方法的生产力水平（尤其是对水资源的控制）以及耕种者的消费水平。

在农作物按季节收获的地方，可以在一年中的农闲时间组织起人力大军（靠自己劳动生产的产品养活自己）用于建筑和战斗。在印度的刹帝利中，秋季的节庆活动是庆祝征服季的开始。尼罗河、印度河、美索不达米亚河和湄公河流域的山谷中那些今天仍然令人惊叹不已的历史遗迹，很可能就是通过这种方式建成的。

除了征战之外，对外贸易也是一个财富来源。宫廷、寺庙或土地拥有者家庭中积累的农业剩余，也为外来奢侈品市场提供了空间。拥有不同资源的邻近部落之间可能会交换大众消费的必需品，比如狩猎人与耕种者的交换，但在旅行艰难且充满危险的情况下，远距离贸易可能仅限于与其体积相称的高价值货物。（如果交易被赋予了礼仪的或政治的意义，与交易中考虑价格和利润的情况没有什么不同。）进口货物的粮食成本包括：用来支持劳动力出口所需的粮食以及支持和保护运送货物的专员所需的粮食。寺庙、宫廷和49　富裕家庭可以用异国的产品来装饰，或者用外来原材料制造的产品生产，因为他们可以通过各种方式用粮食购买外来产品。

希罗多德（Herodotus）说过，波斯的城市没有市场。[①]向城市社区供应食品和原材料的过程，可以通过收取会费、仓储费和配送费等方式来组织，还可以以国家元首的名义进行奉献的方式来完成。同样，城市社区内的商品和服务交换及其产生的价值，可以由与不同职业有关的习俗和等级加以规范。以盈利为目的的贸易概念可能产生于以外国人身份出现的各国人民之间的交流，而非产生于国内社群的规则和义务。中间商所做的长途贸易在贸易两端都是自由的。专门从事海上运输的腓尼基人和阿拉伯人，在航程的两端都没有任何仪式性义务。与满足家庭和共同体需求的自然活动相比，亚里士多德强烈反对在他那个时代已经确立的非自然的营利活动。[②]

商人之间的贸易催生了一种中间交换媒介。这一交换媒介使得卖出一批商品而不必立即购买另一批商品成为可能。此外，用一些共同的量度来表示价值颇为方便。就此目的而言，黄金（最早用于希腊殖民地吕底亚）被证明是一种很好的材料。货币因此从对外贸易闯入了国内经济，许多商品和服务的交换就是通过货币支付的方式进行。货币价格、货币薪金和货币税赋从此接替了实物支付制度。

为赚取利润而投资的概念也源于对外贸易。商人需要资金来 50

---

　　①　见卡尔·波兰尼（Karl Polanyi），《早期帝国的贸易与市场》（*Trade and Market in the Early Empires*），由波兰尼与他人合编，第 16 页。

　　②　同上，第 64 页及之后。

支付船运、驼队或搬运工以及货物的费用，商人的销售为他带来足以超过本金的资金，以奖励他承担的风险和麻烦，使他能够在更大的范围内再次冒险。从种植者的必需品中产生的利息曾被视为高利贷，但现在却改头换面，利息的计算比对100%的玉米收益率的计算更为精细。整个城市都因贸易而繁荣起来，职业金融家应运而生。这种情况也从对外贸易回流到了国内生产中，但直到近代欧洲的黎明，直到欧洲文化尚未被吞没的今日社会，基于地位和公平价格概念的规章制度遏制了利润动机对国内生产的侵入，正是这一概念使每个人的生活水平都与其在社会中的地位相适应。

等级制的社会需要证明自身的合理性。大多数情况下，就"种族"而论，一组家庭对其余家庭的支配地位是合理的。由于不同语言和习俗的人相互接触，"我们"和"他人"的概念就与适合跟谁结婚的规则有关联。每个人都可能有一种相对于他人的优越感。现在优越感变得不相称了。锦衣玉食，又接受培养其力量和勇气的训练，或致力于精妙的学术研究，这一制度的受益者可以感觉到自己与供养他们的奴隶或农民有天壤之别，并期望人们承认这一点。

为了防止他们的"血统"与其下人的"血统"相混杂，婚姻规则规定得非常严格。在大多数社会中，这一规则仅适用于上等家庭的女性——男人可以自由地生下私生子和混血儿，偶尔也可以用婚姻提升一位美人的地位。在某些社会，比如巴勒斯坦的希伯来人和印度的婆罗门，他们的教义指出，不管是男人还是女人，如果与外人通婚混杂了血统，都是一种犯罪（虽然实际上不一定遵循这个戒律）。如果上等人和下等人在外貌上有了显著差异，"种族"的概念就得到了强化。最常见的是肤色，但也可以用任何东西来区分。日本人看不起体毛发达的阿伊努人，不是因为他们的肤色较白，而是因为他们蓄了胡须。亚里士多德认为，奴隶是低等生物，尽管许多奴隶是希腊城邦战争中俘虏的后裔，而且他们和他们的主人有着相同的血统。自然秩序中的等级概念，从欧洲的封建时代一直延续到近代。莎士比亚描绘亨利五世是一位民主的国王，他这样描述了他的感受：

> 冲呀，冲呀，你们最高贵的英国人，
>
> 在你们的血管里，流着久经沙场的祖先的热血！
>
> 　　　*　　　　*　　　　*
>
> 现在，效仿那些勇敢的人，
>
> 给那些没胆量的人树立一个榜样，
>
> 教他们该怎样打仗吧！
>
> 还有你们，好农民们，你们从英格兰土地上成长起来，
>
> 就在这儿让大家瞧一瞧祖国健儿的身手。*

人的先赋身份概念在印度的种姓制度中发展到了顶峰，在印度，这种情况与对亚洲侵略者的白皙皮肤而非当地土著人的深色皮肤的"种族"偏好有关。

出身可以确立权力，但也必须有才能，因为一个国家需要有官僚机构和法律体系。就此而言，书写虽然是极大的便利，但并非不可或缺。在印加人高度精致的组织中，信息是通过绳结来传递的。

---

　　*　译文引自方平译《亨利五世》。——译者

达荷美王国在 18 世纪因输出从邻邦掳掠的奴隶而兴盛起来, 该国每年都通过一个计数鹅卵石的系统对每个村庄进行一次人口普查并记录其应课税的量。①

52   一个从青铜器时代直到 20 世纪有着连续历史记载的伟大帝国, 将官僚体制发展到了最高水平。儒生陆贾曾经向汉初高皇帝提出异议:"在马上可以取得天下, 难道也可以在马上治理天下吗?" ["居马上得之, 宁可以马上治之乎?"] 在中国历史上的每个时代, 都会重复出现类似的例子(蒙古人的征服虽然野蛮地打断了中国历史的连续性, 但忽必烈接手了中国的行政体系, 见证了历史终结的满清王朝也是如此)。

1500 年来, 政府的行政人员(公务人员、司法人员)都是通过科举制度来征聘的。政府官员研习的是灌输道德原则的经典文本, 而不是任何具体的技术知识。科举制度让皓首穷经比习武更受人尊敬, 因此农业剩余的绝大部分被用于培育中华文明的艺术。

在中国, 阶级并非基于"种族"的概念发展起来。汉人视自己为一个统一的民族; 地主认可村里的农民是自己的宗亲; 从理论上讲, 每个人都有可能成为一名政府官吏。然而, 习文和研经需要昂贵的学费且十年寒窗不事生产。如果举子来自一个不识字的寒门小户, 即便头悬梁锥刺股地学习也只能迈上科举的第一步——据称, 要通过院试、乡试、会试等三试, 才能参加殿试。因此, 读书而不惯劳作的白净双手成了优越的标志。在日本平安时代, 源氏公子

---

    ①   卡尔·波兰尼,《达荷美与奴隶贸易》(*Dahomey and the Slave Trade*), 第 3 章。

父亲的桐壶院中各门艺术是通过模仿中国而来的，骄逸的贵族视农民（地位甚至比亨利五世治下的自耕农更高）为粗人。

在印度，"种族"的概念甚至适用于学习领域；直到今天，人们还普遍认为，婆罗门比其他种姓的人更具智慧。

在欧洲封建社会，不识字的绅士依靠教会为他们提供受过教育的人士；神职人员名义上独身的体制，可以在不扰乱封建阶级家庭结构的情况下，从社会下层招贤纳士。

人类发明的所有伟大宗教都反对膜拜财富和权力，但所有宗教都要与财富和权力妥协，教会或寺庙要么支持世俗权威，要么就为了自身利益建立自己的威权。

宗教与先赋身份观的结合，常常产生君权神授说，神圣君主既是名义上的行政首长，又是他的子民与诸神交通的中间人。国家首脑很有必要拥有统一指挥权，尤其是对于通过征服所强制实行的统治，君主把权力传给长子的观念自然产生于确立了父系继承权的地方。也有的地方是民选君主（elected monarchs），比如某些非洲部落的酋长、波兰国王、哈姆雷特的继承者和神圣罗马皇帝，但即便如此，候选人也只限于那些有"皇室血统"的人。

如果家族继承成为规则，就无法保证每一代都会出现一位天资聪颖的继承人；有时候，可以找到一个省事的解决方法，一位礼仪性君主，不掌握实权。比如在日本，纵观整个有记载的历史，一直存在一个可以追溯到天照大神的万世一系王朝，虽然曾有很长时间（因大名之间的战争而中断）是由数个家族轮流管理这个国家。类似的还有尼泊尔沙阿王朝拉纳家族（the Ranas）建立的模式，但规模较小，拉纳家族让国王相信自己是毗湿奴的转世。

　　在中国，每个朝代都认定自己是君权神授；但中国人的政治哲学中包含的"天命"原则赋予了人民推翻政治堕落王朝的合法权利。或许，西罗马帝国未能找到令人满意的继承原则是导致其衰亡的原因之一。

5　商业与民族性

贸易和制造业提供了不直接依赖土地所有权的财富来源，尽管需要间接依赖农业剩余的消费。从中国到秘鲁，在世界各地的城镇，从商业活动中获得收入、并在一定程度上独立于朝廷和封建势力的资产阶级——也就是说，一个市民社会成长起来。他们中间最成功的是雇佣工人，即手工业者、搬运工人、海员、艺人和仆人，因而出现了一个以货币收入为基础的等级制度，以及一个可以用现金购买农产品的市场。

在西欧，货币经济逐渐侵入了封建农业。在英国，封建制度已经附加到了实行敞田制（open field system）的撒克逊乡村社区。地租是由拥有一片领地的领主索取，领地（某些时候还包括敞田中的条田）则由耕种者无偿耕作。耕种者是依附于土地的农奴。但奴役劳动效率低下，管理起来也很麻烦。领主们逐渐发现，在领主自留的最适宜耕作的地段雇用全职劳动力（收获季节时由村民提供劳役）更省事，并用劳役折算形式出租剩余土地以收取地租。

此外，伴随着羊毛贸易的发展，货币经济在敞田制之外应运而生。意大利和荷兰的资产阶级制造业进口英国羊毛。领主们养了大量的羊，耕种者也可以在公地上放牧几只羊。

似乎到了 13 世纪，人口的增长造成了土地的短缺。供求关系

55 出现了有利于领主的情况，无论如何，耕种者的土地份额受到了挤压。处于社会结构最底层的饥饿且没有土地的家庭被赶出了家园。（快乐的英格兰开始显现出现代印度令人悲哀的特征。）[①]

　　这种情况通过一种可怕的方式得到了缓和。从长期来看，人口增长的下降与黑死病的剧烈冲击叠加在一起，使人口大约减少了三分之一。[②] 在英国，几近瓦解的封建农奴制已经支离破碎，再也无法复原。反抗的农民发出了不朽的呐喊：

　　　　亚当耕田，夏娃织布之初，

　　　　谁是绅士？谁为贵族？

　　在整个西欧，人口的减少加速了货币在封建主义框架内的自由化影响。但在易北河以东，领主们恢复了农奴制，并且比之前更严格地控制了自耕农的一举一动。[③]

　　在英国，羊毛贸易在将封建主义融入商业体系中最终发挥了重要作用。黑死病减少了维持生计所需的耕地面积，因而为牧场留下了空间，同时，租金的损失也使土地所有者倾向于寻找另一种使他们的财产产生收入的方式。此外，耗费剩余财产来争夺头衔继承权的封建行事方式也已经过时。随着都铎王朝将内部和平强加给了交战的贵族，土地开始被视为以货币计算的财富的来源，而不是指

---

　　① 见 M. 波斯坦，载于《剑桥经济史》（Cambridge Economic History），第 1 卷，第 552 页及以下。

　　② 同上书，第 609 页。

　　③ 见吉尼科特（L. Genicot），载于《剑桥经济史》，第 1 卷，第 739 页。

挥佃农武装起来参加战斗的来源。[1] 羊比人值钱。因此，尽管人口 56
数量也逐渐回升，但领主们不再那么热衷于招揽佃农了。

> "16 世纪，最重要的'圈地'是'庄园主或其农民对庄园居
> 民拥有共同权利的土地或公地上的可耕地的侵占'。在出售羊
> 毛或将土地出租给那些出售羊毛的人从而增加租金的获利前景
> 驱使下，庄园主们找到了各种合法和半合法的方法来剥夺农民
> 在公地上耕种的权利，同时也剥夺他们使用公地作为草场来放
> 牧牲畜的权利，以及他们在公地上收集薪柴等诸如此类的权利。

＊　　　　＊　　　　＊

> "很明显，以前受规定耕作方法的习惯规则约束的大量土
> 地，正在成为个人可凭自己的意愿随意使用的土地。同时，农
> 业的商业化意味着，封建领主已经从说难听点是无法无天的暴
> 君，到说好听点是专制家长，转变成了更像是利用土地物质资
> 源并着眼于利润和效率的精明的商人。

＊　　　　＊　　　　＊

> "在反对旧秩序的斗争中，最主要的胜利者是推动农业资
> 本主义浪潮的人，这些人主要是自耕农（yeomanry），更多的甚
> 至是有土地的贵族阶层。进步浪潮的主要受害者一如既往地
> 是普通农民。"[2]

---

[1] 以下论点来自巴林顿·摩尔（Barrington Moore），《专制和民主的社会起源》（*Social Origins of Dictatorship and Democracy*）。

[2] 巴林顿·摩尔，前引书，第9—11页。第一段中的引文出自托尼（R. H. Tawney），《16世纪的农业问题》（*The Agrarian Problem*），第150页。

57　　　因此，商业侵入了国内经济。同时，海上力量的增长、新大陆第一批殖民地的建立和奴隶贸易的巨大利润，都为重商主义（commerialism）提供了强大的海外支持。

　　美国南北战争被解释为是对封建主义最后堡垒的进攻。[①]北美推翻王权这一事实使英国走上了民主资本主义的道路。王政复辟（Restoration）也无法逆转潮流。商业与自由相互关联。

　　16世纪"羊吃人"的圈地运动减少了农村劳动力。到了18世纪，潮流发生了转向。18世纪的圈地是引入劳动密集型技术的一种手段。人口开始增长。（据信，这首先是由于死亡率下降，但这一点没有得到令人满意的解释。）增长的人口被转入了一个农业已经基本商业化的体系，这一体系利用作物轮作和牲畜舍饲消除了三圃轮作休耕制对土地使用的限制，并使所有可耕地每年都可以投入使用。[②]要应用这些技术就需要圈地。从封建时代继承下来的大片庄园土地被租给了农场，农民成了雇佣劳动者，被剥夺了他们最后的古老权利。

> 从公地偷一只鹅，
> 无论是男女都够恶；
> 但他肯定没道理，
> 从偷鹅转而偷公地。[③]

---

① 前引书，第1章。

② 见博斯拉普（Boserup），前引书，第38页。

③ 见《牛津名言词典》（*Oxford Book of Quotations*），第527b页。

　　法国封建主义的毁灭走的是另一条道路，即农业生产落到了自耕农手中。[①]

　　城镇的发展使食物在法国和在英国一样，成为一种商品，但是，尽管圈地运动提高了英国的农业生产力，但法国却没有什么变化。"除了在16世纪引入玉米作为动物饲料作物，从而大大增加了小麦的可销售数量外，没有其他重大的技术创新。农业继续在与中世纪基本相同的技术和社会框架中进行……贵族们利用当时的社会和政治制度，从农民那里榨取更多的粮食用于出售。"[②]

　　农民们支持巴黎暴民，巴黎暴民是法国大革命的先锋，他们粉碎了贵族制度，摧毁了封建特权，并将贵族和教会的大片私有土地分拆为由自耕农永久持有产权的小块土地（small freeholds）。除此之外，他们不需要利用激进的思想。自由、平等和博爱最终成为私有财产的宪章（charter）。

　　在中欧，16世纪的农民暴动被击败，遭到了血腥镇压。[③]东德的封建主义虽然因此有了现代趋势，但并没有放松对农民的控制，类似的农奴制度也传到了俄国。在伊比利亚半岛，封建主义把这块土地从摩尔人（Moors）手中解放了出来，并继续创建海外殖民帝国。它幸存下来的残余势力推翻了1935年短命的西班牙共和国，并将最后的非洲帝国一直维持到了今天。在瑞典，由于封建主义从未生根，因此不需要通过剧变来建立民主制度。在西德和意大利，资产阶级社会是围绕着王室宫廷或贸易收益发展起来的。

---

①　见巴林顿·摩尔，前引书，第2章。
②　前引书，第53页。
③　同上，第466页。

在这片小小的大陆上，人们找到了各种不同的方式把农业剩余转化为国家财富和权力的基础，每一种方式都在一国历史上留下了自己的印记。

随着封建主义的衰落，依附于一个国家而不是一个城市或某个居住地区的民族主义情怀逐渐增强。战争将民族主义情怀带入了人们的意识。英国王室企图取得法国统治权的尝试始于封建运动，终于双方民众各自的民族认同感。[①]

在某个特定地区有了一个政府这一事实，为爱国主义创造了一个中心，并以此团结周围的人。今天我们看到，欧洲列强在非洲地图上任意画出的完整的长方形内，民族情绪正在增强。一个政府有责任关心其国民的经济事务，哪怕只是为了建立征税的基础。国家权力永远是被用来（甚至打着自由放任的幌子）促进国家利益的。但对个人来说，爱国主义情怀并不是个人的私己行为。在战争中，它需要做出最大的牺牲，在经济事务中，对于大多数人来说，爱国主义情怀往往意味着人们宁愿被与自己同语言、同肤色的人剥削和控制，而不是对个人利益抱有太大的欲望。

也许，自我认同比家庭更大的群体的倾向，源于同一种情感机制，这种情感机制使一群类人猿具有了社会凝聚力，但把自我与抽象概念联系起来的能力仅仅属于人类。罗伯特·阿德利先生解释说，[②] 当他听说珍珠港遭到突然袭击时，他感到强烈愤怒是出于对领土的本能，但使他在纽约一家旅馆的房间里把自己的领土与檀香

---

① 见巴林顿·摩尔，前引书，第418页。

② 《领地法则》（*The Territorial Imperative*），第230页。

山岛联系起来的并不是蒙昧的本能。

但不管怎样，很清楚，随着社会关系的商业化，民族爱国主义在西欧得以发展和系统化，在通过征服和贸易进行经济扩张的计划中，民族爱国主义给予各国政府极大的支持，很快就使每个人都受其影响和控制，最终由于人们的反感，向世界其他地方传播了民族情感。

6　资本主义的扩张

从一个角度看，从新石器时代到 18 世纪的整个人类历史可以看作是一个时期，一直延续到今天的工业革命可以看作是另一个时期。许多相同的模式在历史过程中不断重复。大英帝国与罗马帝国有一些共同之处；自相残杀的战争摧毁了希腊并导致了马其顿统治地位的确立，这种情况又在 20 世纪的欧洲战争中导致美国统治地位的确立而重演。但是，现代有三个特征不同于过去的时代：民族国家的过度膨胀（现代的一些国际主义尝试几乎没有起到遏制作用）、科学在生产中的应用以及金钱价值观在生活各个方面的渗透。[①]

这种变化不能归因于任何单一原因。这就好像一个火花落进堆积了几个世纪的火药堆的情况一样。

这需要科学的大发展——与其说是物质世界的知识，不如说是科学观点的大发展。科学和数学是在巴比伦和埃及发展起来的，在中国则不太成功，科学和数学研究的目的是通过对天空的研究来制定历法，以便正确地遵守宗教仪式，并用于农业。但即使是在今天，对于人类的大多数来说，并不重视事物属实与不属实的区别。神话、迷信和口号让他们获得了满足。逻辑、实验探究和理性主义历

---

① 　参阅 E. J. 霍布斯鲍姆（E. J. Hobsbawm），《工业与帝国》（*Industry and Empire*）。

史观在雅典得到了高度发展，但由于这类研究是绅士的专业，生产方式并没有受到太大影响。在罗马、拜占庭和中世纪的欧洲，这条发展脉络已经断了。文艺复兴和接下来的宗教改革为理性主义的61复兴铺平了道路。新教是工业革命的重要前提条件，与其说因为它所宣扬的任何特定学说，不如说因为它与正统观念和蒙昧主义做了决裂。

在古代，数学很少应用于技术有一个技术原因。代数和几何是作为思辨哲学发展起来的，但拙劣的算术运算用法却受到不太实用的计数系统的阻碍。阿拉伯人从印度学到了另一种计数系统，引入了零的概念和进位制。在14世纪，教会极力反对将这一系统引入欧洲，① 但它的实用优势太大了。没有它，工程学永远不会有进展。

另一个引燃工业革命火药堆的要素是从中国引进的印刷术以及在俗众中识字的普及。

为什么英国成了选定之地？工业的发展需要增加农业盈余来支持不断增长的城市人口。18世纪引入的全新农业耕作方法提供了这个盈余。此外，圈地运动使农民变成了无地劳动者。日渐增长的人口不再可能通过分割家庭持有财产来挤占土地。资本主义租地农场主按现行工资水平大量雇用农业工人。不断增长的人口为需要雇佣工人的行业创造了"劳动力供给"。

英国征服印度后，获得保护的对外贸易高度发展起来，商人资本开始大量积累。

---

① 见托比亚斯·丹齐格（Tobias Dantzig），《数：科学的语言》（*Number, the Language of Science*），第33页。

　　最后，英国的社会体系虽然由贵族主导且具有高度的身份地位意识，但同时，社会等级也并非完全僵化。人们值得通过赚钱来建立自己的地位以对抗古代世袭门第的尊大。

62　　或许，最后这一点才是中国缺乏的最重要的因素。长期以来，中国在所有实用艺术方面都领先于欧洲。中国已经建立了商人阶层，处于胚胎发育阶段的工业体系也在不同地方成长起来。[①] 然而，中国人的抱负和智力都作为一种晋升手段投入到了学习四书五经之中。但不管怎样，这或许就是火花落在了英国而不是落在中国的缘由。

　　引燃火药的火花是棉纺织品贸易。由于农业收入的增加，商人们在国内为新商品找到了良好的市场，通过海运贸易也在国外找到了市场。他们发现，自己组织人从事生产而不是从手艺人那里购买货物要更有利可图，因此，他们从派发给家庭手工业者完成各道工序，发展到建立工厂并雇用以劳动换取工资的工人来生产。

　　无地农民和被剥夺了土地的农民以及被工厂的竞争毁掉了生计的工匠们，不得不进入工厂成为工资劳动者。[②] 我们看到，他们的迷惑和痛苦今天正在被工业化侵入传统社会的亚洲和非洲重演。

　　像现在一样，苦难并没有阻止人口的增长，但 19 世纪的人口激增与今天的人口激增有着巨大差异。新大陆的开发，农产品运输

---

　　① 伊懋可（Mark Elvin）描述了 16 世纪中国商业的生产和"促销"方法，这些方法具有非常现代的特点。"传统中国创造工业资本主义的失败"（The Failure of Traditional China to Create Industrial Capitalism）（未刊稿）。［此文后刊于《理论与社会》（*Theory and Society*），Vol. 13，No. 3，中国专号。——译者］

　　② 参见克里斯托弗·希尔（Christopher Hill），"为自由出生的英国人准备的浓汤"（Pottage for Freeborn Englishmen），载于《社会主义、资本主义和经济增长》（*Socialism, Capitalism and Economic Growth*），范斯坦（Feinstein）编。

和农业制成品贸易的革命性改进，提供了充足的粮食供应。这段历史不会重演了。

工厂制的发展带来了一系列新的经济关系和社会关系。最重要的是工薪就业人数的大幅增长。在农民和工匠经济中，工人掌握着他操作的物质生产要素。英国农场制度中的雇佣劳动在吞噬了小农农业之后，现在已经扩展到吞并工匠制造业。

一开始是纯粹的剥削——没有其他生活手段的家庭只得以勉强维持生计的工资受雇于工厂，工厂会使他们比在拥有自己的土地或耕具的情况下更努力工作。工厂生产的产品可以以低于工匠产品的价格出售，工人工资和工匠收入之间的差额作为利润应计给雇主。

就业的扩大带来了相应的投资扩张，以便为工厂配备设备，以及提供货币资金用于支付工资和预购原材料。（正是在这个意义上，工厂制获得了资本主义的名号。）资本主义雇主需要精力、野心和商业头脑。也正是这些品质使他超越了纯粹的剥削。在既有的生产方式下，每位雇员能获取的利润较为有限。由于提高人均产量可以增加利润，资本主义很快将推动技术进步提上了议事日程。

正是在这个时候，棉花的特殊品质起到了重要的推动作用。一个世纪之前，羊毛织品的生产体系几乎达到了鼎盛，但羊毛并不像棉花那样均匀，也不像棉花那样易于标准化生产，按照当时的租金和工资水平，每码布料的原棉要比原毛便宜得多，因此原棉为制造业带来了更大的利润空间。长期以来，煤炭一直是作为消费品被开采出来。蒸汽动力机是为了矿井抽水而发明的。蒸汽机在工厂生产中的应用使煤炭成了动力来源。科学发现一如既往常常是为了追求知识本身，但利润动机提供了将其吸收到生产技术中的消化机制。技术发展的螺旋式运行一旦开启，将会以令人越来越眩晕的速度运转下去。

64 　　从资本家的角度看，运用技术的目的是为了赚钱，但赚钱首先需要钱。成功的商人会把利润重新投入生产扩张，从而扩大自己的生意。他会将自己的家用开支保持在适度的份额，尽管随着生意的扩张，分配给家用开支的绝对规模也在增长，因而他们的奢华程度已经达到了很高的水平。

　　导致资本主义财富增长的不仅仅是卓越的生产力。整个世界的资源都被搜刮一空。自 16 世纪以来，欧洲国家在海外购得的和争夺的领土以及以其他方式获得的领土，现在都得到很大发展，为工业提供了原材料。专业技术知识、融资渠道和市场渠道使得逐利者能够从各大洲索取动物、矿物和植物产品，并采用各种方式剥削工人的劳动。在温带地区，主要来自不列颠群岛以及在某种程度上来自拉丁美洲的当地资本家和当地工人（加上不断增加的移民），先是靠英国财政的投资，后来凭借他们自己的积累组织了起来。用来交易的小麦、肉类、木材、棉花和羊毛，部分用于抵销提供运输和其他投资的资金利润和利息，部分用于进口制成品的交换。矿产只能在符合某种地质条件的地方才能找到，但橡胶和茶叶等植物却可以从一个热带地区迁移到另一个热带地区。在非洲，采用征税的手段招募劳工，迫使人们不得不离开自己部落的土地外出挣工资谋生。矿产出口几乎都是盈利的。在美国南方各州、加勒比地区和巴西，输入的奴隶已经完全替代了劳动力，而解放黑奴并没有对此产生太大的影响。在澳大利亚，叫作打黑鸟（blackbirding）的奴隶贸

易，即通过突袭太平洋诸岛屿来获取劳力的贸易仍在继续，但被抓 65
获的人口还是不敷需求。在印度、印度尼西亚、印度支那和中国沿
海的殖民飞地，为了一口吃食而愿意出卖劳力的人比比皆是，而在
锡兰和英属马来亚（Malaya），当地农民按他们的标准认为自己生
活得很好，所以能够拒绝这种受人轻视的侮辱。印度人和中国人则
是以合同工身份引进来的——这是一种介于奴隶和劳动者之间的雇
佣形式。

为了维护"法律和秩序"，为创造和获取财富提供一个环境，资
本主义–帝国主义国家不得不在许多地方设立行政管理部门，这样
做需要进行多次征战，但工业技术为他们提供了不容挑战的力量，
因此他们并没有为此付出太多代价。

起初，本国工人分享不断增长的生产力收益的要求受到严厉压
制，但他们逐渐联合起来形成了自己的力量；在英国，公民权的扩
大、雇主的人道主义情感和对自身利益的明智考虑，导致了保护妇
女儿童的立法、工作时间的减少、教育的普及和实际工资水平的上
升。雇主们发现，这些实现了温饱且能读会写的工人，不仅能更好
地生产商品，而且本身也形成了一个商品销售市场。因此，产业工
人阶级虽然表面上是在与这一制度做斗争，实际上却被纳入了这一
制度。（这种现象最早是在 19 世纪中叶的英国引起了人们的关注，
恩格斯曾经说，"这一所有国家中最资产阶级化的国家，其所有的
目的最终是要到这一地步，即除了资产阶级，还要有资产阶级化的
贵族和资产阶级化的无产阶级。[①]）这样就形成了世界各地成功的

---

① 《马克思–恩格斯通信集》，第 115—116 页。

资本主义所遵循的模式。

国内的产业工人以三种方式从帝国主义手中获得好处。第一，相对于维持工资购买力的制成品而言，原材料和食品相对便宜。例如茶叶，茶叶已经从中产阶级的奢侈品变成了英国穷人不可或缺的必需品。第二，工业、商业和金融业创造的巨大财富，通过税收和福利流向了社会的其他人群，而且，持续的投资也使劳动力需求随着人口的增长而不断增加（尽管某些地区的人，比如爱尔兰和苏格兰高地的人，只能依靠移民谋生）。第三，作为统治世界的宗主国的成员，他们可以借种族优越的观念来满足其自尊心。

当然，这个制度的主要受益者是中产阶级。正如租金支出培养了工匠、商人、官吏和学者一样，数额空前庞大的利润也催生了工程师、会计师和信贷交易商等新职业，并扩大了旧职业的范围；艺术家、工匠和商人可以通过迎合有钱人的口味而蓬勃发展。

此外，产业对资金的需求（以及国家公债的发展），为有息放贷提供了无限的空间。随着有限责任制度的进一步发展，任何拥有财富的人都有权在一家公司持有股份，并有权在无须承担任何其他责任的条件下获得公司利润。这一制度导致了资本主义企业名义所有权与实际控制权的逐渐分离，越来越多的企业股份通过储蓄或继承获得了财富的财富所有者持有，而这些持有人与有关企业从无任何接触，因为股票的巨大诱惑力恰恰在于，它没有将个体持有人与包含利润的砖块或钢材捆绑在一起，在他需要现金或担心股票价格会下跌时，他总是可以在证券交易所将股票出售。企业实际上成了食利者的一种财产。最初是设想通过这种方式，让储蓄有一个成为产业资金的渠道，但证券交易所的大部分业务是以纸面形式进行

的二手交易，代表的是很久以前投资的资金。由于股票的价格在很 67
大程度上取决于相关公司的前景，或者更取决于市场对其前景的看
法，因此，在完全不用为行业融资做出任何贡献的情况下，挑选出
优胜者就可以创造财富。围绕这样一项业务，一个重要的中产阶级
职业群体成长了起来。

把为赚钱而赚钱提高到受人尊敬，甚至在社会上占到了主流
地位的程度，是资本主义制度区别于一切旧文明的新特点。毫无
疑问，从统计上讲，贪得无厌或慷慨大方的性格在所有人类群体中
是以大致相同的方式分布的。没有理由认为这种自然的热情在 19
世纪发生了变化。更确切地说，一个可以通过积累财富来满足雄
心壮志和权力欲的社会发展起来了，这个社会符合当时的技术条
件和历史条件，因而得以发展和繁荣，并将自己的触角伸向了世界
各地。

种族的阶层概念——拥有土地的家庭对佃农和体力劳动者的
内在优越感——被新的财富所破坏。但在英国却一直挥之不去。维
多利亚时代的小说关注的是自以为是绅士的职业阶层的权利，而绅
士是不能关注贸易的。即使在四十年前，这种情感仍然很强烈。这
是封建道德的最后残余，即将地位看成是与生俱来的、无法买到的
东西。由于被剥夺了天赋的权利，资本家只得把自己当作社会的恩
主。他们"提供就业机会"，他们积累了国家的财富，他们把基督教
文明带到了蛮夷之地。只要繁荣还在持续，他们就可以把所有质疑
他们资历的人都斥为理想主义者和思想怪人。

自从类人猿的表亲们学会了说话，他们就用灵和神来解释他们
所处的世界。在前工业文明阶段发展起来的每一个伟大的宗教，结 68

合道德教诲、神秘冥想的载体和赋予日常生活以形式和优雅的仪式体系，对这个世界和个体的生死作出了解释。在 19 世纪，自文艺复兴时期希腊思辨思想复兴以来一直存在且一直在成长的知识怀疑论的反传统思想，随着科学知识的传播而浮出水面，尤其在达尔文认识到人类是一种动物物种之后。（人类在宗教中寻找满足感的心理似乎没有改变，但在没有其知识内容的情况下，复兴宗教的其他方面的尝试似乎并不十分成功。）随着个人永生信念的衰减，进步的观念开始提供与产业资本主义制度相适应的意识形态。

这有两个分支。当资本主义最初迈开大步前进的时候，李嘉图试图用我们现在所说的"模式"来洞察它的含义。

> "土地的产品——通过劳动、机器和资本的联合运用而从土地表面所获得的一切产品，都要在三个社会阶级之间进行分配；也就是说，要在土地所有者、土地耕种所需的资本的所有者，以及耕种土地的劳动者之间进行分配。
>
> "但在社会的不同阶段，以租金、利润和工资的名义分配给每个阶级的土地总产量的比例有很大的不同，主要取决于土壤的实际肥力、资本积累和人口状况以及农业中的技能、创造力和使用的工具。
>
> "政治经济学的主要问题就是确立支配这种分配的法则。"①

----

① 大卫·李嘉图（David Ricardo），《政治经济学原理》，序言。

资本家以仅能维持生计的工资雇佣劳动并租用土地。他们之 69
间的竞争将租金定在了一个无论土地好坏其生产成本相等的水平
上。扣除租金后，劳动的人均产量超过工资的部分构成了利润。作
为封建传统继承者的地主将自己的地租消费殆尽；资本家则节省下
大部分利润投资于扩大就业和生产。李嘉图主张修改法律和政策，
尤其是小麦自由进口政策，使其有利于资本家，这将降低地租水平
并鼓励积累。亲资本主义的政策取得了胜利，积累开始迅速增加。

马克思在这里看到了诠释历史的一条线索，那就是要让"生产
关系"（尤其以营利为目的的雇佣劳动制度）与"生产力"（即"像
在温和适宜的气候下提高社会劳动生产力"的产业制度的技术能力）
相适应。他把经济制度的更替看作是社会适应技术要求，这种想法
充满了黑格尔的合理性观念。马克思的结论是，利润动机控制下的
积累过程是一个自我实现并走向终结的阶段；正如资产阶级从贵族
手中接管了一切那样，产业工人也要从资产阶级手中接管一切，并
合理利用资本主义创造的生产力来满足他们的物质需要。

> "资本的垄断成了与这种垄断一起并在这种垄断之下繁盛
> 起来的生产方式的桎梏。生产资料的集中和劳动的社会化，达
> 到了同它们的资本主义外壳不能相容的地步。这个外壳就要
> 炸毁了，资本主义私有制的丧钟就要敲响了，剥夺者就要被剥
> 夺了。"①

---

① 《资本论》第 1 卷，第 32 章。

70　　这些观念自然无法引起实业家和金融家的关注，也不能引发在他们和产业工薪劳动者之间成长起来的中产阶级食利阶层和专业人士的关注。马歇尔就资本主义进步提出了一个更契合的说法。他认为，通过利润体系，人们对金钱的热爱被用于为社会提供服务。生产受到市场需求的引导，因而满足了消费者的需求和口味。规模经济和技术进步正在降低生产成本，竞争确保了价格随着成本的下降而下降，从而使实际工资上升。教育的普及正在消弭阶级差异；任何一个家庭决心储蓄而"放弃当下的满足感"，都可以要求分享利润。

　　"社会目标问题在每个时代都呈现出新的形式，但在所有这些问题的背后都有一个基本原则：即，进步主要取决于人性中最强、而不仅仅是最高的力量在多大程度上可被用来增加社会福祉。关于社会福祉究竟是什么，人们还是有一些怀疑，但这些怀疑不足以损害这一基本原则的基础。因为一直以来都有一个共识基础，那就是，因为社会福祉维系着自尊，并由希望来支持，所以它主要存在于健康活动和能力发展之中，而健康活动和能力发展带来不会餍足的幸福感。对高炉废气的利用不能与让公益事业本身变得愉悦的工作所取得的成功相提并论，也不能与通过其他手段激励各阶层的人付出巨大努力取得成功而非通过挥霍来证明自己的能力相比。我们要以真正理解这一工作的人的同情和欣赏的温暖之心，来培养良好的工作和主动精神，我们需要把消费转化为增强消费能力的途径，激发那些提供消费的人的最佳品质。由于认识到必须要做一 71

些不那么高尚的工作，我们必须设法利用世界上日益增长的
知识和物质资源，在有限的范围内减少这种工作，并消除一切
本身正在恶化的生活条件。人的生活条件不可能突然出现很
大的改善，因为人创造了这些条件，正如这些条件塑造了人一
样，人本身也不可能很快发生改变，但他必须坚定不移地朝着
一个遥远的目标前进，在那里，所有人都可以获得高尚生活的
机会。"①

奇怪的是，马歇尔在1919年发表了上述说法。② 当时他已经
上了年纪，所以他察觉不到他那令人愉快的预言已被证伪。在德
国，资本主义在封建主义从农业中瓦解之前就发展起来了，而战争
作为获得荣誉的自然途径的封建观念，并没有屈从于一个小店主之
国(a nation of shopkeepers)*的道德观。实业家指望军方为他们
赢得世界财富的一部分，军方则鼓励他们将工业技术应用于武器生
产。1870年的快速胜利似乎证明了这个方案的正确性。资本主义
民主国家被拖入军备竞赛和战争，就从根本上改变了制度的性质。
当然，资本主义-帝国主义依赖于军事力量，但它只针对技术水平低
得多且容易被征服的人民。(事实上，英国在扩大和维持资本主义-
帝国主义制度的小规模战争中大量使用的是印度的人力，并将大部
分费用列入了印度的预算。)工业大国之间的战争是完全不同的事

---

① 马歇尔，《工业与贸易》(*Industry and Trade*)，第664—665页。
② 尽管他最初撰文要早得多。
* 拿破仑曾把英国视为不值一提的小店主之国(a nation of shopkeepers)。——译者

情。自从科学技术应用于破坏手段，每一场战争的开始都略高于上一场战争结束时的水平，这使马歇尔对工业为人类服务的美好愿景变成了恐怖的噩梦。

7　短暂的混乱期

　　回顾 1938 年，约翰·希克斯教授（John Hicks）评论道："人们不禁认为：也许过去两百年的整个工业革命，只不过是一场巨大的世俗繁荣而已。"[①]

　　从这个意义上讲，繁荣是指企业在利润预期的影响下，在建筑、设备和股票市场上投资增加的情况。

　　投资需要雇用劳力，并在生产有助于未来盈利的商品时赚取收入。与此同时，他们没有把任何东西带到市场上。目前支付的与之相关的收入代表了对现有商品的需求，并为能够供应这些商品的企业提供利润。当需求增长超过了满足需求的能力时，就出现了"卖方市场"。投资支出的初步增加提高了利润水平，并使进一步的投资具有吸引力。繁荣因此是一种自相矛盾的局面。投资受到利润的刺激，而利润是由投资本身所产生的，如果投资所创造的新的生产能力投入使用，与旧的生产能力竞争，卖方市场就将结束，未来盈利前景黯淡，新的投资计划不能充分取代已经完成的计划，就业和收入将会出现下滑。

　　资本主义工业化掀起了一轮又一轮的繁荣，开辟了新的领域，

---

　　① 　希克斯，《价值与资本》（*Value and Capital*），第 302 页注。

创造出新的发明。每一次的投资大爆发都伴随有接踵而至的经济
73　衰退，但新的盈利机会总是不断出现。经济衰退只是就业持续增长
和财富积累的暂时停顿。希克斯认为，这只是一次不具有理性自我
调节过程的长期繁荣，它只是基于一个不太可能重演的历史偶然事
件。这种观点反映了 30 年代大萧条的经验。

　　30 年代大萧条也可以看作是一个历史偶然事件，是一星火花
落入了火药堆的结果。

　　战争加速了一种趋势，这种趋势在任何情况下都在发展，即一
些国家正在建立工业以满足自己的需要，减少对发达经济体出口的
依赖，因此，生产能力得到了加倍提高，原材料的生产出现了一波
技术改进浪潮，从而使供给先于需求增长。整个资本主义世界正
在陷入买方市场状态。但是在美国，在经历了战后的繁荣和萧条之
后，一股强劲的投资热潮开始出现。从 1921 年到 1929 年，投资、
消费和国民收入都在或多或少地持续增长，这是一波格外长久的繁
荣，它促使人们产生了美国与众不同的观念，即这不仅仅是一个繁
荣期，而是一个新的时代。虽然有一些迹象表明，产业扩张在 1929
年已经开始趋于平稳，但如果不是因为金融市场的繁荣，人们的反
应也不会如此激烈。

　　正如我们在上文所看到的，股票交易所的股票价格取决于市场
预期。战后，在将工业重新用于民用方面出现了空前的繁荣，紧接
着就出现了急剧的衰退，从而导致了股价大幅下跌。随后，投资开
始回升，股票所代表的真实资产的盈利能力也开始稳步上升。股价
开始了重估，一开始，只是对预期利润进行冷静的计算，但很快，
证券交易所开始了自行繁荣，远远高于工业的繁荣。

"在 1928 年初之前，就连一个思想保守的人也会相信，普 74
通股的价格正在赶上公司盈利的增长，相信进一步增长的前
景、时代的和平与安宁以及当时牢牢掌权的华盛顿政府只会征
收必要的税收。但在 1928 年年初，繁荣的性质发生了变化。
人们遁入空想，成了真正的投机狂欢的一部分，开始信以为真。
但仍然有必要安抚那些需要与现实有某种联系的人，无论这种
联系多么脆弱……

"但就像在所有的投机时期一样，当人们不想被事物的现
实所说服，却想找借口遁入幻想的新世界时，时机就到了。①

"从之前的投机活动我们就可以理解 1929 年秋天股市的
崩盘了。与投机活动有关的唯一问题是它能持续多长时间。
迟早有一天，人们对普通股价格不断上升这一短期现象的信心
会减弱。一旦这种情况发生，一些人开始出售手中的股票，就
会破坏价值增长的现实。持有股票以待增长现在变得毫无意
义；新的现实将是价格下跌。接下来就会出现匆忙、慌乱的抛
售。昔日的投机狂欢就这样结束。结局就这样在 1929 年来临。
未来的投机行为也会这样结束。"②

与此同时，繁荣也在削弱自己的基础。在早前阶段，美国曾经流行
购买外国债券的时尚。购买外国债券也是对许多国家的投资的支
持，尤其是对德国，它使德国可以在没有相应的出口顺差的情况

---

① 加尔布雷思（J. K. Galbraith），《大崩盘》（*The Great Crash*），第 23—24 页。
② 同上书，第 152—153 页。

75 下，拿出资金支付赔款且还能在国内进行投资。华尔街吸引的投机活动使国外贷款的来源枯竭，并使好几个国家陷入了财政困难的境地。长期处于困境之中的英国，由于正在按高估的汇率回归金本位制，情况更加恶化。[①] 1931 年的危机最终有所缓解，但与此同时，失业率还在继续攀升。澳大利亚和拉丁美洲都感受到了初级产品价格下跌的影响，工业活动一旦放缓，初级产品价格就下跌到无法承受的水平。美国的经济衰退造成了整个资本主义世界的利润、经济活动和就业率的急剧下滑。

　　健全财政理论是主流的正统观念，根据这一理论，政府的首要职责是平衡预算，在德国尤其如此，德国在 1921—1923 年的恶性通货膨胀中经历了货币体系的彻底崩溃。后来被称为凯恩斯主义革命的经济理论变革（尽管缪尔达尔和卡列茨基也应分享开创之功[②]）为时已晚，因此没有任何实际效果；罗斯福的新政既混乱又不充分。抛开苦难和屈辱不谈，战争的爆发使美国平民对食物和服装的消费增加了约 30% 这个事实，仅仅说明了物质生产的浪费。

　　现在看起来，马克思的诊断正在成为现实，资本主义已经过了它的鼎盛期，将被取代，但历史一直存在很多机变。

76 　　在意大利，人们找到了一个新处方。当劳工运动强大到足以对

---

① 见凯恩斯，《温斯顿·丘吉尔先生的经济后果》（*The Economic Consequences of Mr Winston Churchill*）。这个标题相当不公平，因为当时的财政大臣丘吉尔不得不接受他根本不相信的建议；另见莫格里奇（D. E. Moggridge），《金本位的回归》（*The Return to Gold*），1925 年（剑桥大学应用经济学系，《不定期论文集刊》第 19 期）。

② 见缪尔达尔（Gunnar Myrdal）的《货币均衡论》（*Monetary Equilibrium*）和卡列茨基（Michal Kalecki）的《经济周期理论研究》（*Studies in the Theory of Business Cycles*），这两本书（用他们自己的话说）都早于凯恩斯的《通论》。

地主和实业家构成严重威胁时，中低阶层的店主、白领雇员和奋斗中的专业人士都感觉自己陷入了左右为难、进退维谷的境地。他们找到了一名声援者，他发现可以招募一支由不满现状之人组成的军队，通过纵容和培养人人心中都具有的施虐心理，建立一个恐怖机器来获得权力。体面阶层的人部分被吓坏了，部分则感激他们为抵抗左翼革命所做的努力。同样，体面的资本主义国家夹杂着恐惧和同情，允许这样的新政权掌了权。希特勒在德国开始照方下药。眼前大规模失业的惨状和难以摆脱过去战败的苦涩为他提供了支持，他通过备战来同时处理这两个问题。

与此同时，历史也在捉弄马克思。1914年，当各国的工人都怀着强烈的爱国主义热情支持其政府时，本应反对国际资本主义的国际劳工运动却分崩离析。但是，沙皇摇摇欲坠的专制政权在战争中的崩溃给了马克思主义信徒一个机会，他们发现自己掌控了帝国，在这个帝国里，资本主义非但没有在内部熟透和腐烂，甚至还没有开始生根。这表明，社会主义根本不是超越资本主义的一个阶段，而是实现工业化的另一种途径。

经过一番摸索①，苏联当局意识到，他们的任务是要使他们接手的经济实现工业化。没有资本家来做这项工作，没有利润动机来引导他们，国家必须建立一套新的机构来计划和管理所有的经济活动。在20年的时间内，苏联的投资就超过了西方世界二百多年来 77

---

① 见爱德华·霍列特·卡尔(E. H. Carr)，"关于苏联工业化的一些随想"(Some Random Reflections on Soviet Industrialization)，载于范斯坦(Feinstein)编《社会主义、资本与经济增长》(Socialism, Capital and Economic Growth)。

积累的大部分投资。

在这方面，新制度具有一定的优势。首先也是最重要的是，技术是在追求利润的冲动下发展起来的，且只需适应新的要求。资本主义是从市场开始发展的，先用低价销售大力发展手工生产，然后才逐步发展到基础产业。在新的体制下，合乎逻辑的做法是首先建立起基础产业，通过积累过程来走捷径。利润动机是从私人财产中产生的。资本家的家庭需要消费一部分利润，这就从投资中转走了部分资源。此外，为处理财产问题而发展起来的一套庞大的信贷和金融机构，通过推销和广告，在非生产性活动中吸收了资本主义世界的大部分脑力工作者。组织一个政府只做维持经济运行所必须做的事情，就可以避免可投资盈余的浪费。

在资本主义世界里，由国家提供商品和服务与由私营企业提供商品和服务之间存在着清楚明确的分野。任何可以打包出售或收取费用的东西都是获利的机会。一般行政部门和武装部队，以及一些城市便利设施，必须从税收中拿钱来维持。（起初，就连公路都是依据利润规则来提供服务的，但由于收取通行费显然太麻烦了，这项服务就转到了税务部门。）

税收被认为是一种负担，如果不说是赤裸裸的抢劫的话，但隐藏在商品价格中的利润则不是这种情况。公众普遍接受的是商人的思想观念，支持他们尽可能扩大市场范围。随着生产力的提高，即使是最低收入者也为越来越多的大规模生产的商品提供了市场，但最重要的服务——即卫生和教育——只能提供给有足够支付能力的中产阶级家庭。在苏联体制下，税收和利润之间没有区别。用于支付行政管理人员、军人的薪金，以及用于投资和提供免费服务所需的全部资金都被集中在一起，并统筹安排向外支出。向全民提供卫生和教育服务，不仅有助于提高生活水平，而且具有让工业体系可以吸收每一代人的全部才能的有利条件。

资本主义国家的税收制度还有一个缺点。民意要求对永久性财产收入的征税应该比对因生病和年老而减少的工作收入征税更重；它还要求至少在表面上看起来对高收入者课以重税。其结果是，在避税上耗费的聪明才智和律师费用带来的回报，往往高于实际生产所能获得的回报。

> "这些耗费中有一个要素应该特别提及。这就是吸收的才智仅仅用于某些防护性活动。律师的全部工作中有相当一部分用于与国家及国家机关的业务斗争。我们称之为对公共利益的恶性阻碍，还是称之为保护公共利益不受恶意阻挠，都无关紧要。无论如何，事实仍然是，在社会主义社会，这部分法律活动既没有必要也没有活动空间。由此产生的节约并不能令人满意地用聘请律师的费用来衡量。那点节约微不足道。而许多优秀的才智之士从事这种非生产性职业所造成的社会损失也不容忽视。考虑到才智之士属于凤毛麟角，他们转行从事其他工作的重大意义可能远不止于此。"[1]

俄国革命废除了财产性收益（少量储蓄利息除外），所得税也只 79

---

[1] 约瑟夫·熊彼特（Joseph A. Schumpeter），《资本主义、社会主义和民主》（*Capitalism, Socialism and Democracy*），第 198 页。

适用于少数异常情况。对于大部分从业人员来说，每个人都能得到他应该拥有的收入。就一个精心设置的政府组织而言，完全没必要一只手交出钱，另一只手又收回钱。

如果废除了生产资料私有财产制度，国民总收入就属于全体人民。工人的收入并不是资本主义意义上的工资；而是他在大型合作企业中的份额。然而，作为强制执行纪律和提供工作动力的手段，一种与工资制度没有什么区别的支付制度已被证明必不可少；社会主义对产业工人的日常生活所起的作用远没有幻想家们所承诺的那么大。但对于企业的经理人而言，生活已经不同了。现在没有人要求他运用他的判断力来判断如何为他的企业盈利，他得到的是关于产量、成本等方面的指示，他必须尽可能地在这个方面表明自己的能力。

社会主义与资本主义在经济上的最重要的区别，在于对投资的控制。中央政府并不关注政府与地方当局、若干追逐利润的大企业与无数为家庭谋生计的小企业之间因历史的偶然事件而出现分裂现象，通常也不接受它应该是用来做什么的观点，中央政府现在主要关心的是投资兴国的总体规划。

计划人员掌握了大量未开发的自然资源，他们的大部分任务是组织原材料生产。总体规划要求，每种动物产品和植物产品以及矿物产品的供给，应该与其在建筑业和制造业中的使用保持平衡。在物质投入和产出方面形成了一个计划体系，并通过向企业分配材料、电力和工资基金来招募劳动力，由此形成了实施该计划的行政管理体制。这一体制致力于以最快的速度使从沙皇手中继承下来的整个帝国实现现代化和工业化。一个没有私有财产意义上的"资本"的金融体系,在积累工业设备意义上的"资本"方面做得非常成功。

但是,苏联的体制也有一些严重缺陷。第一个缺陷是,苏联的工业化是在农业革命之前开始的,而在西方世界,农业革命是先于工业化开始的。

在建立这一体制的俄国革命和内战的过程中,俄国的农民已经拥有了土地;在中亚,部落首领也恢复了他们古老的权力。以前用来抽取农业剩余的地租,现在已经不再支付;而且,虽然工业拿不出任何东西来让人购买,但农民也没有任何动机去生产多余的东西以供出售。斯大林通过建立集体农庄打破了这一僵局,为了促进农业生产,他建立了机耕站为农民提供服务,却要求农民必须输送粮食和其他作物。实行集体化之后的行为使农民与政府产生矛盾,被派去管理集体农场的管理者很少有人能找到让农民下地干活的办法。(在那些处于亚洲的加盟共和国中,在部落首领被降伏后,新制度使农民的生活水平从以前的穷困水平得到了提高,因此获得了农民的支持。)农业的糟糕表现严重拖累了苏联工业的发展。

苏联体制的第二大缺陷是僵化的教条。物理学和工程学因为其重要性而没有受到扼杀,生物学、语言学、心理学、美学,尤其是经济学和社会科学等的问题,都只能通过政令来解决。教育,具体来说是自然科学的广泛普及,与禁止自由探索和批判的智识生活之间的矛盾,造成了一种尚未获得解决的对立。

最后,由于处于资本主义国家敌视的包围圈中,而且这些国家敌意之大甚至超过了对法西斯主义之邪恶的敌视,苏联政府被迫将工业主要用于国防,并密切关注国内的异议人士。整个计划的实施需要强有力的中央统制,而中央统制又发展成了斯大林的专制。苏联只能痛苦地调整生产关系使之与生产力相适应。

　　最终,希特勒使俄罗斯人和西方结成了盟友,但在战争结束之后,旧日的敌视又重新出现,冷战时代开始了。

8 工业与国家

战后，人们发现资本主义经历了一次重大的突变。战后重建的繁荣并没有继之以重建后的萧条。二十多年来都没有出现大的衰退。这个新的时代将持续多久并无人知晓，但它已经持续了足够长的时间，成为工业文明的一个新阶段。

现在主导资本主义世界的是美国，因此我们必须在美国寻找新制度的机制。在这个机制中，有两个相互影响的主要因素。第一，"敛财大亨"积累了大量财富之时，个人资本主义时代即宣告结束（尽管仍有一些可供投机钻营的领域）。继之而起的是大官僚机构，重视适应科学方法在技术、管理和销售上的应用。第二，国家对经济事务的高度关注，始于萧条时期、逐渐扩大于战争时期，并一直延续到了准和平时期。

大公司继承了资本家个人的目标和做派，但在运作方式上存在着重大差异。公司一旦启动运行，就不依赖于个人储蓄来获取资金。每家公司都由一个自我持续和自我扩张的基金控制，并由管理人员和技术人员组成的自我强化的骨干队伍提供服务。

正如加尔布雷思所言，技术专家阶层（technostructure）由"所有为集体决策提供专业知识、才能或经验的人"构成。[1] 没有哪个

---

[1] 《新工业国》（*The New Industrial State*），第 71 页。

83 个人比机器上的齿轮更有力量，机器作为一个整体控制着一个拥有数百万金钱和数千万生命的帝国。

人的本性中有一种强烈的倾向——或许是根植于赋予一群猿类以社会凝聚力的本能——要培养对个人所处的任何机构的忠诚。管理型资本主义要求员工高度依附于公司。当然这涉及个人利益，纯粹的个人利益会导致企业之间出现巨大流动性，这种流动会将一方的秘密泄露给另一方。因此，将个人的自我投入公司，这样的忠诚是这个制度的基本特征。

没有人询问"这么做的目的是什么？"对每家公司的雇员来说，他们为企业的成功而努力似乎是天经地义的事情。名义上，企业的相关管理层由企业所有者雇用，企业的合法所有者是股东（股票持有人）。不过，股东——个体食利者、保险公司等——在经营业务方面并没有发言权。他们只是将他们的债权看作资金安排，一种持有和提取财产收入的便利形式。管理人员不断通过可以降低成本并改善销售力的投资来增加利润。这使得实际工资有可能在不降低利润率的情况下上涨。这类投资的大部分资金来源于利润，而由此产生的资本的盈利能力是任何恰好持有股份的人的财产。因此股票持有人的地位很不寻常。

　　"他是一个消极的、不起作用的人物，只有在他不付出努力甚至不冒任何风险的情况下分享技术专家阶层借以衡量自己的成功程度的增长的收益时，他的才能才为人所瞩目。从无须付出努力的回报来说，任何封建特权都比不上祖辈买到通用汽84 车或通用电气的 1000 股股票并传给后代。这一远见的受益者，除了决定什么都不做，且欣然接受不出售股票的决定之外，无须付出任何努力或智力，已经变得富有，而且现在仍然富有。"[1]

这一制度确保管理层高度独立于银行和政府，因此，管理层容忍了公司资源的流失，即必须支付足够的股息以确保其在证券交易所的良好声誉。

大公司资本主义已经证明，它是将物理科学的发现应用于生产，将心理学和社会研究的发现应用于创造对其产品之需求的一种理想设计，但靠它自己却无法管理国民经济。

由于农民、小企业主、专业人士（包括技术专家阶层本身的人员）组成的中产阶级以及工人阶级中被吸收到这个体系中的那部分人对工业产品的消费不断增加，这个体系被称为"消费社会"。但这还不足以为该体系所产生的大量可投资资金提供出路。此外，私营企业经济在战前表现出的投资的固有不稳定性，现在又与消费的潜在不稳定性结合到了一起。（如果每个人都决定把车再多开一年，不仅在美国，全部现代工业都将陷入可怕的衰退。）

不过，这一制度一直保持着运行，且波动性不大。其中，政府支出提供了需求侧的平衡要素，保持了商品市场的基本稳定和持续增长。政府最容易承担的开支就是所谓的国防开支。

"国防部提供了长期合同，要求在先进技术领域投入大量资金。这里没有价格波动的风险。对要求的任何改变，即需求 85

---

[1] 前引书，第394页。

的任何变化，都有充分的保护。如果合同被取消，公司所做的投资也会受到保护。因为没有其他产品像技术专家阶层计划的国防产品如此确定和令人放心。鉴于必须要做计划，在条件具有吸引力的地方，事情才能做成、做好。

"这就使技术专家阶层认同武装部队的目标，并且，也经常与它直接服务的陆军、海军或空军的具体目标相一致。就个人和组织而言，这种简单的联系支持这一趋势。因此，就像具体的军种本身一样，技术专家阶层开始看到武器发展的同样紧迫性，技术优势的同样安全性，对具体武器系统的同样要求，对空军或海军扩大任务的同样优势。其成员对这些目标的承诺与军种官员的承诺相同。"①

可能有一些富有远见的政府顾问将军备竞赛视为维持经济稳定问题的解决办法，但我们似乎有理由认为，这一做法是各种力量叠加的结果。军队和所有在战争中获得权力和荣誉的威权人士都不愿意下台。如果军备生产下滑，许多重要的行业都会急剧衰退；致力于原子弹研究的科学家们不愿相信原子弹是没有必要的东西；政治家、金融家和实业家担心，对俄罗斯人民的同情可能会鼓励国内的共产主义；广大白人工人、小商人、技术专家阶层成员和知识
86 分子，仍然秉承阿尔·卡彭*提出的信念："我们美国的制度……给了我们每个人一个很好的机会，如果我们能用双手抓住这个机

---

① 前引书，第310—311页。
* 阿尔·卡彭（Al Capone），1920—1930年美国最有影响力的黑手党领导人。——译者

会"①, 并准备好在任何有危险的情况下团结在它周围。

无论其原因是什么, 冷战的结果是为政府支出提供了一个出口, 政府支出不与私营企业竞争, 也不通过生产任何公众可以消费的东西来满足饱和需求。

这一体制很快就获得了认可:

> "政府计划者认为, 他们已经为几乎无穷尽的美好时光找到了仙方……冷战就是这个催化剂。冷战是一个自动加注泵。拧开一个阀门, 公众就要求增加军费开支。再拧开另一个阀门, 各种喧嚣声都停止了。杜鲁门的自信和自大, 就是基于这个'杜鲁门秘方'。人们告诉总统, 杜鲁门时代的美好时光可以长长久久地延续到 1952 年以后。冷战的需求如果能够充分利用的话, 几乎是无限的。"②

所有依靠军火工业牟利或就业的人(包括相当一部分大学和研究机构)的既得利益给了它坚实的后盾, 争取"自由"的运动给了它崇高的目标。

事实证明, 这一制度的成功不在于打赢战争, 而在于保持了持续的盈利能力, 从而使工业能够持续增长, 作为一种副产品的工业, 才能够不断扩大适销对路商品的产量和消费。生产关系比以往任

---

① 见下文第 116 页(英文版页码, 见本书边码)。

② 引自"美国新闻与世界报道"(U.S. News and World Report), 载于保罗·巴兰(Paul Baran)和保罗·斯威齐(Paul Sweezy)的《垄断资本》(Monopoly Capital), 第 212 页。

何时候都更能适应科学技术的力量。马克思曾认为，这种适应必然有一种合理性，但在我们生活的 1914 年结束的时候，看来事情正好相反。原子弹、化学武器和生物武器，不仅最终摧毁了战争之勇敢和光荣的设定，也使战争变得过于危险，因而无法再为国家扩张提供手段。理性要求政策的首要目标应该是废弃战争这种过时的手段，并找到替代方法来处理引发战争的问题；但正是军事-工业联合体在经济上的成功（尽管它在越南因操之不当而失败了），给任何这样的尝试设置了最大的障碍。

要维持近似充分就业，仅仅维持经济稳定是不够的。还必须确保经济提供的工作岗位数量与劳动人口的增长速度相同。技术进步正在不断减少今年生产去年产量的所需工时数。但与此同时，在人口增长的情况下，今年找工作的人数却多于去年。为了防止失业的出现，必须要求劳动力的需求和供给同时上升。

适当的总产出增长率，加上每年工作工时的减少和教育时间的延长，使这一体制能够消化在整个行业中逐渐广泛传播的技术变化，尽管允许"消极的、不起作用的"股票持有人享受大部分收益似乎并没有太多道理。但是，利润动机并不包含任何机制来确保技术进步将以可消化的形式出现。

美国以前实行奴隶制的州实现了农业机械化，再加上工业自动化和公共交通的萎缩，使得非熟练劳动力大量过剩，对盈利行业所需要的劳动力来说实属冗余。随之而来的失业问题都集中到了黑人身上，从而造成了一个可怕的问题。

现代资本主义非常适合产生辉煌的技术成就，但并没有为马歇尔所梦想的让所有人都享受高尚的生活提供基础。

87

9 新重商主义

事实证明，近似充分就业的资本主义在西欧也取得了巨大的成功。虽然军备提供了保持市场经济稳定的飞轮效应，但是，最引人注目的发展出现在战败国西德和日本（因为日本现在是资本主义工业的"西方世界"的一部分），起初不允许这两个国家重建其军事工业，因此他们把所有的资本和所有受伤的民族自豪感都投入到了民用生产中。即使是在英国这个现代资本主义最不成功的实践者身上，工业产品的消费水平也明显上升，随之而来的是对宜人环境的破坏。

资本主义繁荣的一个重要副产品是社会服务体系的巨大扩展，这一体系于20世纪初在英国率先建立，并在与苏联竞争的过程中得到极大发展。在这方面，民主的需要和人道主义情怀与工商业界合乎情理的自身利益结合到了一起。一贫如洗的公民是经济的耻辱，作为生产或吸收可销售商品的工人，他对经济毫无用处。健康状况不佳就是废物，公共教育是培养技术工人和较低技术结构阶层的必要条件。因此，现代资本主义转向了福利国家。

这一制度在避免了战争的瑞典实施得最为彻底。其他国家则以瑞典人非常无聊为借口来为本国的落后辩解。

著名的瑞典经济学家和社会学家冈纳·缪尔达尔则斥之为

胡说。①

89　　　"瑞典已经成功地建立了一个消除了大规模失业的经济
体,他们的公共服务体系日渐成效卓著,可以帮助那些身处落
后行业的人减少失业风险,即使是一些特殊行业的失业风险也
大为减少;所有公民在生病的时候都有权使用医疗设施,并只
须象征性地支付医疗费用,他们可以期待年老退休之时领取一
笔养老金,养老金价值相当于在他们最好年华的十五年收入的
三分之二;国家保证儿童、寡妇、残障和智障人士都能过上体
面的生活;法律禁止因家庭原因解雇女性;担任公职的女性在
分娩前后都可以带薪休假,所有女性都能得到与此有关的各种
费用的补偿;所有学校都是免费的,学生及其家庭也逐渐摆脱
了为生活费用寻求救济的必要性;为帮助条件简陋的家庭找到
一个像样的居所,政府做出了艰苦的努力;诸如此类。"②

证明瑞典人沮丧而悲伤的一个所谓证据是自杀的统计数据,这个数
据高于其他一些国家的统计数据,因为自杀不属于犯罪,报纸上也
没有报道,所以家属没有理由隐瞒。

　　　"另一个在国外流行的观点认为,有种'罪过'(意即性自
由)在瑞典很流行。一个悬而未决的问题是,首先,这类'罪过'

① "福利国家有什么不好?"(What is wrong with the Welfare State?),载《纽约
时报周日杂志》(*New York Times Sunday Magazine*),1966 年 1 月 30 日。
② 同上,引文有一些小小的改动。

何以能证明瑞典人的沮丧和悲伤。"①

已经习惯于在世界舞台上扮演角色的缪尔达尔坦言，在一个没有大问题的社会里，他自己感到相当无聊，但他的大多数同胞似乎觉得相当满意。

　　"毫无疑问，群众的物质福利和生活保障水平的提高，并 90
没有伴随着文化参与水平的大幅提高，我们相信这应该是当时
我们不得不为之奋斗的社会改革的成果。例如，我们当然相
信，四周的带薪假期应该被用于其他用途，而不是我们现在所
能观察到的通常用途。但这是我们分析未来问题时犯的一个
错误。至少它应该被视为显示了人民莫名的不适。很显然，他
们并不像我们想当然地认为的那样，热衷于更高层次文化，但
他们热衷于其中一小部分，尽管这一小部分在整个文化中所占
份额在不断上升。"②

　　因此可以认为，在瑞典，民主的公众舆论控制了实业家并使他
们成了国家的仆人，而在美国，国家则成为实业家的仆人。其他西
方国家则介于两者之间。

　　当政府政策的公认目标是保持近似充分就业和"经济增长"，
即通过允许大多数公民提高消费水平来满足民族自尊心和保持对

---

　　①　"福利国家有什么不好？"（What is wrong with the Welfare State?），载《纽约
时报周日杂志》（*New York Times Sunday Magazine*），1966 年 1 月 30 日。

　　②　同上。

民主制的满足感时,那么很显然,工业企业管理和工会的管理就像公务员管理一样,都成了国民经济管理的一部分;但与此同时,民主也没有什么直接的控制手段;只能哄骗他们或者施以诱惑,甚或以禁令相威胁,才能让他们做政策目标所要求的事情。每个资本主义国家都在政府、国有工业和服务业以及私营企业之间,形成了不同的关系模式;并根据相关利益集团的实力和主张,形成了不同经济阶层和部门之间的利益分配模式。[①] 不管无聊与否,到现在为止,福利国家在很大程度上缓和了原始资本主义的严酷性,在将资本主义从马克思一百年前所预见的厄运中拯救出来这个方面,福利国家发挥了很大作用。

91

与工业技术一样,发达国家生活水平较高的第二要素是节制生育。在 18 世纪,即使是像斯莱尔夫人(Mrs Thrale)这样的富裕女性也会遭受痛苦:"没完没了地生下孩子和失去孩子,身心撕裂,让人痛不欲生。"[②] 医疗条件的改善降低了婴儿死亡率,随之而来的就是对人口数量的限制。反对偏见的长期斗争尚未取得彻底胜利,但已经足以为繁荣的工业社会的家庭生活带来革命性的变化。

缪尔达尔所说的自由是一种适应新技术形势的行为方式,虽然年轻一代一边为沿袭自清教徒的思想所困扰,另一边又被性的商业庸俗化所环绕,他们很难为自己确立一种可接受的心理态度和一套切实可行的行为准则。

从私生活的角度来看,接受节制生育的观念是一种极大的解

[①] 肖恩菲尔德(Shonfield),《现代资本主义》(*Modern Capitalism*)。

[②] 引自《斯莱尔杂记》(*Thraliana*)中一封信中的回忆。

放，虽然最近在技术手段和法律环境得到改善之后出生率有所下降，但现实表明仍然存在大量的意外生育。从经济的角度来看，这场运动还不够深入。在一个近似充分就业的福利经济中，如果人口停止增长，就有可能更快地提高平均消费水平，同时减少对空间、水和空气等宜人环境的破坏。所有的资本主义工业国家仍在遭受人口日渐增长的痛苦，人道主义者正处于一个残酷的两难境地，他们既想拯救所有从贫困家庭中出生的孩子，又担心这会鼓励他们的父母生出更多的孩子。

就像"国防"的需要一样，福利国家推动了民族主义的发展。每个政府都关心自己的人民，但政策无法在他们自己的绝对利益和 92 以牺牲他人利益为代价的利益之间做出区分。正如缪尔达尔所指出的，西方发达国家的民主福利国家就其本质而言是保护主义和民族主义的。①

世界各地区生活水平和就业水平存在巨大差异，这就产生了人们向最繁荣经济体移民的需求。只要移民愿意以最低的工资从事最艰苦的工作，他们就有助于提高当地人的生活水平，但是，如果他们定居下来并分享福利国家的利益，他们就会对福利国家构成威胁。西德已经找到了一个理想的解决方案（从本土资本家的角度），即在工业蓬勃发展之时，从较为贫穷的国家引进工人，在无须支付任何养育成本的情况下，有现成的劳动力可以使用，但如果出现失业威胁，将他们驱逐出境即可。在这种情况下，人们理所当然地认为，无论这一制度是否为外国人提供了好处，只有本国人的福利才

---

① 见《超越福利国家》（*Beyond the Welfare State*）。

是本国政府应该关心的问题。

现代资本主义的民族利己主义在国际贸易领域表现得淋漓尽致。资本主义世界（除了大战期间外）是一个生产能力超过需求的买方市场。出口可以带来利润，进口（除了必要的原材料）则意味着对竞争对手的销售损失。此外，在贸易顺差（即出口大于进口）的条件下，更利于促进国内投资，更容易抵御通货膨胀，也更容易管理外汇交易。因此，每个国家都竞相实现"出口导向型增长"，每个国家都试图保护自己不受其他国家之出口的影响。国内准计划经济与国际上的混乱（战后达成的贸易和金融协定没有成功地控制这些问题）纠合一起，时不时在国际危机中爆发出来。

93   战争国家和福利国家的要求在武器出口方面得到了满足，武器出口使前帝国主义国家的工业保持繁荣，并让停留在弓箭或燧石水平的前殖民地国家得以用炸弹和坦克宣泄其仇恨。

10 社会主义的富足

由于战争的破坏，苏联二十年的积累有很大一部分要重做一遍。除此之外，现在比以往任何时候都更有必要让科学和工业为国防服务，并不惜一切代价进行第二次投资。战争结束时的事实上的安排（从未真正实现）使苏联在中欧的势力范围到了奥德河–尼斯河线（Oder-Neiser line）和巴尔干半岛除希腊之外的所有地方；（也许是为了阻止另一方的行动）捷克斯洛伐克也于 1947 年加入了这一阵营。俄罗斯的体制，都被移植到了上述这些国家。尽管如此，有计划发展的强大效应，促使整个地区的生产（包括军备）达到了一个较高的水平，以致有可能实施宽松政策，而且，公众对于从他们的辛勤劳动和节制中获得某些利益的要求，也日渐执着。

潜在富裕的时代让苏联的经济计划人员非常惊讶。人们一直认为，在高积累时期，每年用于扩大重工业行业的投资比例应该大于用于消费品行业能力建设的投资比例，是一条"社会主义规律"。因此，投资占国民收入的比重要提高，积累的速度要加快。但现在必须承认，这不是一条"规律"，而是一个发展阶段。当工业化的第一阶段结束时，经济就可以按给定增长率的固定投资比例稳定下来，而这个增长率不一定是经济加速过程中所达到的最高比例。

在加速积累时期，经济计划人员形成了一种反消费主义的思想 95

意识。只有重工业才会受到他们的重视。苏联的制度在生产人造卫星方面效率很高，但在满足家庭主妇的日常生活需要方面效率很低。除了高积累和以国防为主导的经济必然带来的困难之外，苏联的制度还给消费者带来了不必要的困难，例如，不能提供修鞋和修手表的服务等。通过上级下达的对工业的指令性管制方法常常相互矛盾，比如助长浪费材料的总产量计划说明书，比如导致生产效率低下的价格体系的随意性。事实证明，成功地将强制计划草案应用于积累的经济体制，恰恰成了它享受其成果的障碍。生产关系必须适应新的情况。

1956 年，随着对斯大林的公开批评，人们开始讨论改革方案。方案酝酿了十年之后，又爆发了新一轮的批评和实验。1968 年，捷克斯洛伐克政局动荡，新思想和旧权威之间的斗争陷入了危机。在没有公开讨论和批评的情况下，经济改革如何发挥作用还有待观察。

改革者向未知的海洋起航。他们在一定程度上受到了西方教科书对资本主义的描述的影响，他们似乎认为，"市场"和"利润最大化"可以为他们的问题提供解决方案。当然，他们也可以利用旧制度的低效率来渡过这一难关。比如，通过责成企业管理者生产面向公众出售的商品，而不是将没有人想要的计划产品在商店倾销，可以立即提高消费者收入的实际购买力。然而，教科书只讨论如何使用给定的资源来满足给定的需求。但在资源不断增长的情况下，除非生产者把商品送到消费者面前，否则他们并不知道自己想要什么。在西方，尤其是在美国，虽然有大量的市场调查，但调查主要致力于找出最有效的推销方法和广告方法。一个真正致力于"确保最大限度地满足全社会不断增长的物质文化需求"① 的先进产业,世界上还没有人看到过。

教科书上提出的企业利润最大化的目标能够确保效率的观点,其实也非常肤浅。就连现在的教科书也承认,资本主义企业要在长期增长目标和短期利润目标之间进行权衡,他们在决策时,必须考虑到与工人的良好关系和在消费者中的良好声誉,因此,盈利能力并不是评判成功的一个简单而明确的标准。

简化对社会主义经理人的指示,好处是显而易见的。一旦价格合理化之后,只需一个关于利润的指示,我们就有可能打破以前经济运行中"计划指标"的混乱状况,但在实际操作中,这种做法的效果究竟如何,目前还不是很清楚。

改革者面临的第二个大问题是如何保证工人的忠诚。从本质上讲,改革者属于社会主义的技术结构阶层——他们受过教育,是有学识的专家和企业管理人员,其中,有的人是共产党员,有的人不是。他们认为,让技术结构阶层拥有自己的独立性、权威性和合理的生活水平,不仅是正确的而且很有必要。他们不能再将革命看成是被侮辱与被损害者的胜利。

1950 年,南斯拉夫摆脱了斯大林正统思想的控制,引入了全新的制度,并让企业雇用的每一名工人都拥有了企业管理权。工人自己任命自己工厂的经理,并决定企业净收益的哪一部分应作为工资支付,哪一部分应用于生活福利设施或用于投资以便提高生产能

97

① 斯大林,《苏联社会主义的经济问题》(*Economic Problems of Socialism in USSR*),第 45 页。

力。这一举措取得了巨大成功，它使车间里的工人对企业产生了通常高层管理人员才会具有的那种忠诚，但很快，它就打乱了它打算运作的总体计划。其他的改革者正在试图找到一种方法，意图在搞好整体经济管理的同时，通过奖励津贴的方式来调动工人的干劲和良好的行为。在这一方面，改革在具体现实中会产生什么样的结果，还有待观察。

也许苏联体制最重要的成就是远远领先于福利资本主义国家的公共教育的发展，为整个联盟有才能的人提供了机会。同时，根据各种工作所需的教育程度，对收入和地位进行分层。长期以来，对行政、工业（包括军备和太空探索）和社会服务（包括教育本身）各行业训练有素的人员的需求，已经超过了体制所能提供的供给；最近人们发现，这方面的供给已经赶上了需求，因此，合格的候选人比那些希望享有特权而入选的人要多。由于生产是在极度功利的目的驱动下进行的，教育本身就是教育目的的概念已经荡然无存。甚至还有人提出了限制报考高等院校的想法，以便有足够数量的工人不得不保持较低的受教育程度。[①]

98　　　苏联集团出现的一些"消费社会"迹象，在西方引发了关于两种经济制度趋同的讨论。的确，资本主义有朝着国家计划方向发展的趋势，社会主义则出现了利用市场指标的趋势，而且，同样技术的企业，其内部组织也非常相似。然而，这两种工业化进程的发生方式却存在重大分歧。

苏联在调整其体制以适应潜在富裕方面遇到的问题，与困扰

---

① 见基里尔·蒂德马什（Kyril Tidmarsh），《泰晤士报》，1968 年 10 月 9 日。

着现代资本主义政府并使他们试图控制私营企业的问题截然不同。管制贸易或许有欠灵活且不经济，但是，将进口保持在出口可以为其提供支付的水平，就不会出现国际收支问题。工资谈判的取消使企业可以在免受货币工资和价格不断上涨的困扰的情况下，维持充分就业状况。引入自动化，可以避免劳动力需求突然出现让人震惊的变化，但引入自动化的速度，不能快于处理自动化引发的后果的速度。消灭食利者财产（虽然它没有创造一个无阶级的社会）可以防止可投资盈余的流失和需求模式的扭曲，这就是被我们的税务人员巧妙地描述为"非劳动收入"的消费。

两边的工业化都是在政府的支持下进行的。苏联经济领域中的某些方面甚至比福利资本主义更受经济民族主义的支配。欧洲社会主义国家发现，在一个共同发展计划中进行合作是非常困难的事情。贸易主要受到双边交流的控制，这就排除了国际分工的许多潜在优势，因此每个经济体都发现自己受限于对其进口能力的管制。另一方面，计划贸易领域仍然免受困扰资本主义世界的反复出现的经济危机的影响。 99

西方是用趋同论来缓和对"共产主义"的盲目仇恨，中国则冠之以"修正主义"来指责苏联人放弃了社会主义原则。但与此同时，冷战的阴影仍然笼罩在所有人的头上。在这一边，这种情况使得当局可以压制针对继续军备竞赛的不同意见；在另一边，这种情况允许当局扼杀自由讨论，以免发生由批评转变为不忠的情况。

11　另一条道路

　　中国与俄罗斯一样，也是将社会主义看成在前工业经济中促进积累和逐步培育科学技术的手段，但中国采取的是一种新的形式。毛泽东在马克思列宁主义的旗帜下，构想了一场真正符合人民利益的革命。中国人口中的大多数都是贫困的农村人口。为了使他们受益，革命的首要任务就是改造农业。

　　中华人民共和国成立后，政府马上着手进行了彻底的土地改革（之前已经在长期国内革命战争时期占领的地区进行了改革），将耕者从受压迫和无保障中解放出来，使耕者有其田，从而让绝大多数贫困的农民成了中农，也就是说，让一个家庭有了足够的土地，靠他们自己的劳动来耕种并多少能够自己养活自己。

　　但是，这样的农民阶层不可能成为现代工业发展的基础。农民手上财产很少，农用工具和牲畜极端匮乏，农业技术也非常原始。要实现工农业的螺旋式发展，农村的盈余必须先转给工业，再由工业为农业提供现代化的手段。此外，长期挣扎在贫困边缘的农民身上那种贪婪的占有欲，并不符合社会主义的理想。

　　通过一系列的渐进步骤，实现了土地的集体化；再通过阶段性的发展，农民不再是正规意义上的农民，而是农村人民公社的一员。（也有一些国营农场使用工资劳动者耕作。）农民不仅改变了他的生活方式，也改变了他的工作方式。农田布局和任务分配更加合理，并在水利、牲畜养殖、电气化和机械化方面进行投资，从而提高了 101 人均产出水平以及每亩土地的产量。（中国共产党人承认在这个过程中犯了严重的错误，但是，连续八年的丰收表明，这些错误已经得到了很好的纠正。）

农民的经济关系也发生了变化。生产队实际上拥有已经分配给它的土地上的财产，并可以储存土地上的收获，以及从其收益中积累起来的公积金和社会福利基金。但不再有地租和高利贷了。

农民从生产队获得的收入，无论是实物还是现金，都要根据每个人记在工分簿上的工分进行分配。生产仍以自给自足为主。大致而言，如果80%的劳动力从事农业生产，他们只须拿出净产量的20%，就可以养活与自己处于同一水平的其余人口。（以前，地主的苛捐杂税通常占到总产量的50%。）剩余部分则按固定价格买卖（此外，随着实际收益率的上升，以名义收益率为基础的土地税的重要性也在逐渐消失）。每个生产队都要与统购部门就每年的销售数量签订合同，签订合同的目的是在给生产队留下足够的粮食后，还能从收益最高的生产队拿走所有剩余。为了让农民乐于赚钱，还为他们提供一些让他们买得起的消费品。

最后，从心态上讲，农民也已经不再是农民了。年轻一代已经长大，他们认为集体劳动和生产资料集体所有制是正常的事情，对作为过去生活方式的承认而保留下来的自留地，已逐渐失去兴趣，他们主要关心的是学习新技术并拿到新设备。随着农业机械化程度的提高以及越来越多的社办小企业的建立，农村的职业范围开始 102 逐年扩大。教育和议政使村民真正融入了国民生活。

　　有了彻底的经济保障（无论这个保障处于多么初级的层面）以及令人信服的未来改善前景，旧日的农民就能响应"文化大革命"的号召：反对利己主义，反对特权。

　　由于显而易见的原因，虽然中国工厂里的人际关系相对而言更加民主，而且，中国人在不借助金钱激励的情况下，似乎比南斯拉夫人更热衷于生产的发展和技术的进步，但工业的发展模式与苏联的模式相比并无太大差别。

　　中国的计划人员从一开始就考虑到了消费者的问题，而这种考虑苏联现在才提上日程。中国人通过一个简单的方法，即从批发环节控制生产和零售，避免了陷入集中僵化的局面。

　　在沿海城市，若干本土资本家（主要是纺织业资本家）是在外国租界的庇护下成长起来的。新中国成立后，政府鼓励这些城市的工厂企业继续生产，并向他们提供原材料，然后按固定价格购买他们的产品。这种方法后来被社会主义制度吸收，并推而广之在大部分轻工企业中实施。国内贸易部的一个办公室负责安排处于不同生产阶段的企业之间（例如，从纺纱厂到织布厂的供应）以及在最终生产商和零售商店之间的合同。合同规定了产品组合、设计、交货日期和价格。零售商将市场需求传递给办公室，办公室相应地修改下一阶段的合同。因此，消费者的需求决定了供给，而不是供给决定消费者需求。诚然，中国的大众消费确实还处在一个非常简单的水平，但似乎没有理由认为这个刚刚出现的体制不能成功地运作。与城市周边的公社建立的协议体系确保了城镇所需的肉、水果和蔬菜的供应。

　　毛泽东思想中最具独创性和冲击力的构想，是政府及其工作人员与普通劳动者的关系。根据对俄国的观察，毛泽东提出，在财产权被废除之后，身份地位便成为特权的基础，通过特权教育，身份地位可以世袭并形成阶级的基础。按照斯大林主义传统组织起来的共产党，在统治者和被统治者之间制造了一条鸿沟。此外，在中国，上千年的传统都是尊崇学问，轻视体力劳动。政府及其工作人员的阶级根源，在封建财产权被打倒之后仍然根深蒂固，并很快就会重新萌芽。

以毛泽东思想为基础的政治教育运动是要挖出特权的根源，宣传劳动光荣，消除不平等，并在各行各业中确立普通民众对党和政府的批评权。

在一个贫困的国家不可能建立消费的平等。如果没有足够的皮鞋让每个人都能拥有一双的话，有些人可以穿皮鞋，而有些人就只能穿草鞋。贫困的公社和富裕的公社之间的收入，也存在很大的差别，哪怕是在同一个公社，先进的生产队和落后的生产队之间，收入也存在很大的差别。其目的是通过自下而上提高标准来实现平等。同时，每个人都必须从实践中学习以了解什么是工作；教育的目的不是为个人提供舒适的生活环境，而是使他能够以某种特定的方式"为人民服务"；每个人都必须学会以他给予社会的多少，而不是以他从社会中得到的多少来评价自己。因此，中国的社会主义旨在通过诉诸道德来解决捷克的改革者在民主和个人激励之间所遇到的两难困境。

从这方面看，过去的历史是不可或缺的支撑。三千年来，人口的更替非常缓慢，其中，阶级也从来不是以"种族"为基础形成的，中华文明已经浸透在所有人的骨子里了，中华文明始终以正确的行　　104

为观念为基础（"人穷但明是非"）。相比于在充满玩世不恭和竞争意识的人中引入这个概念本身，改变以这种人生观为指导的人的正确行为的内容，要容易得多。

中国的社会主义是世界上的一个新生事物。捷克的改革者声称要建立一个有人性的社会主义。但中国人已经踏上了一条更加雄心勃勃的道路，那就是建立具有人类价值观意义的经济发展道路。借助于对他们所经历的苦难和腐败的近期记忆，他们现在仍在经历一场成功的革命。再过二十年才能揭示出人类是否有能力实施这样的规划。

12 第三世界

"殖民地"一词的原意是来自祖国而扎根在海外的家庭的定居点。在帝国的自治领区，本地人口或外来人口由政府行政人员管理，并向没有成为永久居民的商人和传教士开放。(在英国人的用法中，殖民地被称为自治领，自治领被称为殖民地。)

英国和法国在包括美国在内的新世界定居点，被卷入了资本主义发展的浪潮。(非洲的白人定居点是一个特殊而反常的例子。)西班牙和葡萄牙在拉丁美洲的殖民地也经历了资本主义的发展，但不太成功，这些国家现在仍然被英国、法国和荷兰诸帝国的继任者归为不发达经济体。(只有在非洲的葡萄牙人仍然试图以旧有方式保持帝国资产。)

"欠发达"的概念是与"发达"经济体相对比而产生的，这是新近出现的区域性现象。欠发达经济体的基本经济特征是人均粮食产量低(与现在可能达到的产量相比较低)，因此，能够以农业剩余为生的人口比例非常小，这也是截至目前世界各地和各个时代的常态。"发展"的实质是将动力应用于生产和运输，使每人每工时的劳动产量提高到人力(借助于某些畜力)所能达到的水平之上。因此，发展方案涉及工业化方案，这对于增加农业产出并提高采矿业和制造业的产量都非常必要。

106　　　发展的尝试是在各种不同政权（régimes）背景下进行的，其中，有的是个人独裁国家（有仁慈的独裁者，也有残暴的独裁者）；有的是军政府；还有的是王朝；议会民主制则是可以追溯到19世纪的政体，或者是仓促地从一个放弃权力的帝国主义国家手中接管的政体。

　　美国在当今世界的角色可以用苏联的一个老笑话来概括："美国总统面临的最大问题是什么？是一个国家有没有可能出现资本主义？"第三世界的每一次新的民族主义运动或改革派政党，都被贴上了"共产主义"的标签，并在必要时被以武力排除在权力之外，因此，这些政权（一两个岌岌可危的政权例外）为了便利资本主义商业，情愿或勉强地保持其经济对贸易和投资开放，在许多情况下，把他们的领土和军队交给美国战略部门支配。古巴革命成功地挣脱了这种支配，但不得不求助于苏联的支持。因此，任何反抗压迫的领导人都一定心怀"共产主义"的假设，是可以自我验证的。

　　遵守世界市场游戏规则的义务，给发展带来了若干障碍。发展的首要要求是要调动可用于投资的盈余，但没收地主的财产并充分利用土地地租却违反了规则。本土工业的利润大部分用来支持中产阶级的生活水平。开采这些国家的自然资源所产生的利润，很大一部分应归于外国企业所有，这些企业在本土资本家出现之前就在该国进行投资，为其本国市场开拓原材料供应；工业、贸易和金融
107 业产生的利润中，也有很大一部分应归于外国企业所有。[1] 为了补

---

① 见辛格（H.W. Singer），"投资国和借款国之间收益的分配"（The Distribution of Gains between Investing and Borrowing Countries），《美国经济评论》（论文和会议记录），1950年5月。重刊于《国际发展：增长与变化》（International Development: Growth and Change）。

充本国储蓄资金来源不足的问题，这些国家中很多都在接受以"援助"为名的赠款和贷款。在一些非常特殊的情况下，这种做法成功地培育了足以满足自身需要的本土资本主义的发展；在大多数情况下，这种做法也导致了依赖心理的发展，而且，这种依赖心理抑制了而不是促进了这些国家的经济增长；因此，贷款费用一年比一年增多；越来越多的当前援助在为以前的援助买单的过程中被消耗殆尽。

发展的第二个问题是，要引导所有剩余的资金投入到最能促进经济持续增长的轨道。

"农业是基础"。走出千年贫困的第一步是要提高人均粮食产量。缺乏有效的土地改革不利于经济的发展，这不仅是因为它让以租金为代表的盈余处于闲置状态，而且因为它还使土地利用不足，使农业技术落后陈旧，并因此阻碍了农业产量的增长可能性，从而令耕耘者灰心丧气，由于耕耘者经常处于这种低效能的状态，即使有动力改变这种状态，他也不可能把大量精力投入工作，而且，这种情况也阻碍了闲置劳动力参与农业劳动的可能，中国的经验已经证明，动员闲置劳动力参与农业劳动非常有效。①

在墨西哥以及最近在印度，资本主义农业有了重要的发展，农业不仅产生了盈余，还促进了经济增长；但与此同时，由于广大农民没能从中得到什么好处，从而造成了难以解决的社会和政治问题。

---

① 参见缪尔达尔（Myrdal），《亚洲的戏剧：国家贫困问题研究》（*Asian Drama: An Inquiry Into The Poverty Of Nations*），第22章。

根据游戏规则，工业投资要在有市场的地方进行，投资的主要目的是向城市居民销售消费品。外国企业先行一步所达到的程度，甚至产生了可口可乐化（cocacolonization）这样的表述，但在这样或那样的保护下，这一领域也出现了本土资本主义的发展。进口–储蓄投资使螺旋式发展上升到了某一点。在这一点上，削减进口可以节省出口收入或以援助为名的投资；进一步投资于进口以扩大储蓄则可以增加投资来源，以此类推周而复始。但是，当每个国家都建立了一些低效的小规模工业，所有可用的出口收入都需要用来支付材料和零部件费用以维持它们的运转时，这一进程就陷入了死胡同。

增加出口是大势所趋。在帝国主义统治下发展起来的许多动物、矿物和植物产品，现在为新近独立的国家提供了有用的出口收入来源。即使大部分利润流向国外，本国仍然会有好处，毕竟出口收入中还包括了工资和留存利润。但在这方面，增长的可能性也极其有限。开发这些商品的生产的时候，它们是受工业国家的市场前景的引导。但工业国家的市场偶尔也会出现极端反常局面，比如三十年代就出现了破坏性的大萧条，但一般而言，为了保持盈利能力，供给是根据需求而定的。现在，继承这一切的民族经济体渴望尽可能地增加自己的出口收入，为了获得收益的一部分，一个国家或一个大陆与另一个国家或另一个大陆相互竞争，因此而面临持续的生产压力。从本质上讲，这样的市场缺乏弹性——也就是说，供给的增加导致价格大幅下降，因此其结果是形成了建立买方市场的长期趋势。由于这种情况并没有让买方（发达国家的工业部门）为难，卖方对他们为纠正这种情况而寻求帮助的呼吁鲜少同情。

　　制成品出口是下一个希望。由于工资水平较低，制成品在纺织业和其他劳动密集型生产行业中具有一定的竞争力。当年英国人在廉价出售手工业生产者的产品的时候，他们非常崇信自由贸易，但现在发达国家不希望廉价出售它们的工业产品，它们对未来的发展中国家开放的市场极为有限。即使是殖民地自己的原材料加工业也受到关税安排的制约，这一关税安排保护了在殖民地原材料基础上发展起来的帝国主义国家的加工工业。①

　　作为初级产品的购买者或者在前殖民地国家领土上建立制造业企业的大型国际企业，为殖民地国家的经济做出了巨大贡献。他们带来了先进的营销手段和生产技术，在当地培训劳动力和技术专家阶层的附属机构，并支持附属于他们的当地企业的发展。然而，经济的螺旋式发展不可能按这种方式形成，因为按这种方式发展而产生的大部分盈余，都以利润的形式转移到了国外。当外国企业在当地使用再投资手段扩大企业业务之时，才可以为当地的经济发展做出贡献，但也不得不为此付出高昂的代价。在当地创设的新资本是外国企业的合法财产，还必须向外资股东支付股息。

　　国际企业在世界各地安排投资（从他们自己的角度出发完全正确），控制从一个中心到另一个中心的生产流程，以满足其自身盈利能力的要求，而不是促进特定国家的经济生存能力或经济增长。此外，为了防止当地政府通过税收、关税或其他手段，以及（最重要的）国有化手段来控制经济管理权，国际企业通过美国和前帝国主义列强的政策，通过与他们结盟的本土资本家的利益，向当地政府

---

① 参见辛格（Singer），前引书。

施加强大的影响，从而保持这些国家对自由企业的开放。这种制度
使得新的国民政府丧失了其成立时名义上的独立性，所以被称为新
殖民主义。

毫无疑问，"援助"（特别是技术援助）在特定国家起到了一些
促进经济增长的作用，它肯定有助于维持那些原本会垮台的政权。
但与此同时，也出现了助长"国防"力量的大量反援助（anti-aid）情
况。把巴基斯坦武装起来作为对抗苏联的堡垒，这种奇怪的想法就
给印度人（他们知道武器将瞄准什么地方）带来了沉重的军费负担。
当中国被推为自由世界的主要敌人时，这一情况发生了逆转，巴基
斯坦感到有必要扩大其军事力量，以便与提供给印度的武器相抗
衡。苏联也加入了这场游戏，要把"爱好和平"的资本主义大国的
鄙夷和挖苦还给他们自己。

尽管如此，世界仍在发展。几乎所有地方的国民收入数据都在
逐年上升。然而，人口的增长在很大程度上抵销了这一好处。在殖
民时期，许多国家（特别是印度次大陆）已经出现了人口的快速增
长，战后的医疗援助（例如消灭疟疾）也提高了人口增长率。尽管
在营养和就业方面有所改善，但饥饿和文盲儿童的绝对人数也在逐
年增加，许多国家似乎已经达到人均总平均收入停止上升并开始下
降的地步！①

马克思认为马尔萨斯的论点既不符合逻辑又反动，这个批评非
常正确。②但不幸的是，他由此得出的结论是，不断增长的人口并

---

① 参见缪尔达尔，《亚洲的戏剧：国家贫困问题研究》，第 27 章。
② 参见上文第 44 页所述。

不是对幸福的威胁。在苏联，广袤的国土有大量的有待开发的自然资源，加上战争期间的巨大损失，使人口的增长成为政策的目标。结合马克思的学说，计划生育与社会主义相背离已成为一种信条。然而药物流产是作为一种社会服务提供的（斯大林统治时期除外）。在苏联和人民民主的国家，城市人口出生率都下降到了低点。

111

中国当局最初遵循的是正统教义，但是（尽管他们总是拒绝接受马尔萨斯的观点），他们多年来一直在开展一场提倡晚婚和小家庭的运动。他们的卫生服务网络以及政府部门与每一个村庄和每一条街道密切关联，因此，信息和宣传能够非常迅速地传达到全国。

在印度和巴基斯坦，计划生育现在已经成了官方政策，但在那里，要在人民中实施这项政策却不是那么容易。在非洲和拉丁美洲，民族情感引发了人们对白人和美国佬（Yankees）所宣扬的学说的怀疑，他们所表达的一些观点在暗示，消除疟疾等疾病竟然是一种遗憾，这自然加剧了人们的怀疑。

在浪费了20年时间之后，尽管天主教和马克思主义正统派结成联盟，但现在世界舆论普遍赞成尽一切可能降低出生率。避孕技术一直在改进；但即使找到了万无一失且无害的方法，也不容易使其得到普遍应用。即使世界各地的出生率在不久的将来会出现大幅下降，已经形成的人口年龄构成在很长一段时间内将会让成年人的总人口继续增长和再生。这仍然需要在经济发展方面做出最大的努力，才能使生活水平得到大幅度提高。

中国的经验表明了需要哪方面的发展。要让全体人民怀着美好的愿望参与到经济活动中来，要组织就业从而使所有人都能为社会做出贡献；要提高农业生产力，这样就可以在不使用野蛮粗暴手

段的情况下提取农业盈余；要制止不平等现象，以免在不必要的消
112 费上浪费资源，或是产生嫉妒情绪从而削弱了士气；要提高全民健
康水平，实施节育措施；要建立重工业基础，从而尽快实现生产现
代化，同时，还要鼓励手工业行业通过"中间技术"手段实现机械
化；① 要普及教育，要发扬自力更生精神，把科学的实验方法运用到
（从水稻田到原子实验室的方方面面）每一项活动之中。

　　其他的药方是否有功效还有待观察。

　　同时，中国和俄罗斯以及日本的经验也说明了历史所具有的巨
大惯性。全世界的革命者都从毛泽东思想中获得了启示，但对于历
史和地理给他们造成的千变万化的特殊情况，毛泽东思想并不能提
供任何现成的公式。

---

　　① 　参见舒马赫（E.F. Schumacher），"中间技术 ——对外援助的新途径"
（Intermediate Technology——a new approach to Foreign Aid），载《进展》（*Advance*），
1967 年 4 月 2 日（曼彻斯特大学科技学院）。

13　假先知们

看到这可怕的景象，现代资本主义的辩护者们已经失去了自信。他们所能找到的没有比小恶之说（the doctrine of the lesser evil）更好的东西了，"以小害敌大害"（defend the bad against the worse）[①]并不能启发慷慨的年轻人。20世纪中叶成长起来的这一代人的反抗，在很大程度上是对公认的正统观念所体现的价值尺度的排斥。

公认的正统观念在很大程度上受到了经济学家结合了爱国主义之学说的影响，使得"国民收入增长"成了政策目标和评判成功的标准。国民总收入的统计数字不注重家庭之间的消费分配，也不注重它所衡量的商品和服务之流动的构成。产出的构成在很大程度上取决于销售何种产品才能让企业有利可图。在正统经济学的全盛时期，这种情况被视为是这个制度的最大优点——利润取决于满足需求，而需求则表达了消费者对如何配置其购买力的自由选择。（诚然，购买力并不是按需分配的，但不知何故，这是一个不允许败坏的论点。）

---

①　这句话出自 C. 戴·刘易斯（C. Day Lewis）的"战争诗人在哪里？"（Where are the war poets?），指的是大英帝国对抗法西斯。当今许多国家（希腊是其中最新的例子）的问题在于，宁愿以大害敌小害（defending the worse against the less bad）。

　　经济学被描述为研究人类行为的一门学科，研究的是目的与稀缺手段之间的关系。基于这一概念的正统观念在追求利润的过程中完全没有利用大部分资源以达到任何目的，因而在大萧条时期以一种触目惊心的方式崩溃了。

114　　有时有人会说，凯恩斯拯救了资本主义制度，因为他让政府相信，他们有权力和责任保持经济的近似充分就业。但不管怎么说，他确实拯救了经济学。如果没有他，英语国家的经济学将威信扫地，政策将由思想怪人和经验主义者来主导。

　　但在相当程度上，经济学说又回到了旧模式。福利国家的社会政策确实改变了"有利可图"才算最好的学说。现在，对医院和学校的投资被认为比对汽车工厂的投资更能满足人们的需求；人们对管理一个近似充分就业的经济体所涉及的政策问题、国家货币体系的管理、避免通货膨胀的努力以及新重商主义条件下的汇率操纵和国际收支的控制等，进行了大量的讨论。

　　但学院派经济学的核心思想几乎没有发生改变。理论的核心仍然是阐述完全竞争市场的运作原理，以确保给定资源在不同用途之间的最佳分配。但融入了公众舆论潮流的庸俗经济学说，依然宣示着利益动机畅通无阻的良性运作。

　　对个人私利的追求能为整个社会带来最大利益的观念，随着现代经济学的兴起而流行起来。亚当·斯密的《国民财富的性质和原因的研究》（《国富论》），奠定了这一基调。所有的动物成年之后，个体都可以自食其力。

　　"人类几乎随时随地都需要同胞们的帮助，但如果只是想

依赖他人的恩惠，那肯定不行。如果他能利用他们的利己之 115
心，使有利于他，并告诉他们，给他做事是对他们自己有利，
他要达到自己的目的就容易很多。……我们每天所需的食物和
饮料，不是出自屠夫、酿酒师或面包师的恩惠，而是出于他们
自利的打算。"

《国富论》的观点仍然为自由放任主义言过其实的合理化提供
了基础。对亚当·斯密来说，自由放任是一个纲领。斯密生活在一
个权力机构试图根据国家利益和正常的社会秩序来控制经济生活
的体制中，他认为这种体制与他所处时代日益增长的"生产力"不
符，他主张取消对市场自由运作的限制，并预言，对利润动机的依
赖将导致经济盈余的大幅增长。对于他而言，国民财富不包括工人
的生活水平；工资和牲畜的饲料一样，是生产成本的一部分。

19世纪的经济学家承认工资是国民收入的一部分，但他们并
没有充分考虑到，承认这一点需要多么彻底的改变。事实上，维克
塞尔在他的《国民经济学讲义》(*Lectures*)的前言中宣称：

"一旦我们开始认真地把经济现象看作一个整体，并探寻
整体福利状况，就必然要考虑最下层阶级的利益，从这里到宣
布人人享有平等权利，只是一小步。

"因此，国民经济学的概念，或者说以此为名的一门科学
的存在，严格来说意味着一场彻底的革命。"

但他自己对经济理论的分析，并没有破坏盈利能力是生产的正

确引导这一假设。

116　　　马歇尔也不能接受纯粹自由放任无情的非道德性，但他用"自由放任乃有利于社会福祉的人性中最强大的力量，而不仅仅是最高的力量"来安抚自己的良知；也就是说，在谈到这个问题时，他赞同利己与公共责任相一致的观点。

　　这种学说有一个明显的谬误。如果追求利润是正当行为的标准，我们就没有办法区分生产活动和抢劫行为。克劳德·柯克本（Claud Cockburn）讲述了他是如何采访"百万富翁杀手"阿尔·卡彭（Al Capone）的。当柯克本对卡彭在布鲁克林贫民窟的童年艰苦生活条件发表了一些同情的言论时，卡彭顿时心烦意乱。

　　　"听着，"他说，"别以为我是这些该死的激进分子之一。别以为我在破坏美国的制度。美国的制度——"他突然就这个主题发表了一番演说，仿佛有一位看不见的主席要他说几句话似的。他赞扬了自由、进取心和开拓精神。他谈到"我们的传统"。他轻蔑地表示出对社会主义和无政府主义的厌恶。"我的买卖"，他重复了好几次，"都是严格按照美国方式做的，而他们会一直保持这种方式"。

　　　　　　　　*　　　*　　　*

　　　"我们美国的制度，"他大声说道，"你可以称为美利坚主义，可以称为资本主义，随便你怎么说，它给了我们每个人一个很好的机会，如果我们能用双手抓住这个机会，充分利用它就行。"①

---

　　① 柯克本（Cockburn），《我，克劳德……》（*I, Claud...*），第118—119页（企鹅版）。

用法律任意划出一条界线,动用权力以强制执行,既费钱又无效果。自由放任制度有利于不惜一切代价进行积累,它并没有为享受果实提供任何指导;事实上,它对自利和竞争的狂热,造就了大批缺乏自主性、攀权附贵的孤独的人群,社会科学家对此感到非常不满意。

当凯恩斯首次意识到持续积累的可能性时,他认为(假设没有重大战争和人口的极大增长),经济问题最终可能会得到解决。

"现在看来确实是这样,人类的需求是永远无法满足的。但是,人类的需求可以分为两类——一类是绝对意义的需求,意思是说,不管我们周围其他人的境况如何,我们都会感到这种需求的存在;另一类是相对意义的需求,意思是说,只有当这种需求得到满足能够使我们凌驾于他人之上,让我们产生一种优越感时,我们才会觉察到这种需求。上述第二类需求,即满足优越感的需求,可能确实永无餍足,因为当一般的水平有了提高之后,这种需求也会水涨船高。不过,绝对意义的需求并非如此——如果我们愿意把更多的精力用于非经济目的以便满足这些需求,我们可能很快就会达到一个点,这个时间或许比我们所有人都意识到的要早得多。

* * *

"因此,我觉得我们可以回到宗教和传统美德的某些最确定的原则上来——即认为贪婪是一种堕落,高利盘剥是一种罪行,爱好金钱是一种陋习。而那些最真诚地走上了德行美好、心智健全的正道的人,对未来的顾虑最少。我们将再次重视价值目标甚于手段，更看重事物的有益性而不是有用性。我们将尊崇这样一些人，他们教导我们如何分分秒秒都过得充实而美好，还能令人愉快地直接享受事物，就像既不劳作、也不纺绩的田野里的百合花 *。"①

尽管有战争和人口增长，但近似充分就业的资本主义已经成功
118 地创造了之前时代难以想象的人均消费水平，但我们的价值观念发生了变化。凯恩斯为之辩护的证据并不存在。相反，商业考虑吞噬了越来越多的社会生活，因此，那些要求改善卫生服务的人发现，指出疾病造成了生产的损失是一种政治行为，而那些关心教育的人则根据受过专门训练的人员的工资来评估教育的好处。

欧洲的商业制度是在贵族制度的框架内发展起来的。从一个角度来看，基于获得的财富而不是继承的财富的地位概念是民主的——这是对"出身"的抗议。这一商业制度移植到了美国，在没有贵族传统外壳的条件下茁壮成长并蓬勃发展了起来，现在，这一商业制度不仅在西欧，而且在欧洲帝国庇护下成长起来的本土资本主义中重新占据了统治地位，因此，"自由"已经被等同于赚钱的自由。（但在美国人自己那里，各个奴隶州中对贵族的模仿却只剩下了令人尴尬的遗产。）

---

① 凯恩斯，"我们后代的经济前景"（Economic Possibilities for our Grandchildren），载于《劝说集》（*Essays in Persuasion*），第 358 页及以下。

* 本句出自《新约：马太福音》，6:28。——译者

14　科学与道德

现代人不断增长的求知欲使人类本身成了研究对象。从离我们最远的天文学开始的现代科学，现在正试图揭示个体的人格机制，并找出左右社会行为的规律。自然科学的伟大声望和建立在其基础上的辉煌技术使人们产生了这样的希望：如果科学方法能够应用于社会研究，我们或许有希望找到解决困扰我们当下生活的可怕问题的方法。

目前还没有太多理由可以指望这样一个宏大的计划能够实现。自然科学赖以成功的方法，即受控实验以及对不断重复出现的现象的精确观察，并不能应用于人类对人类的研究。到目前为止，还没有人提出过同样成功的方法来建立可靠的自然法则。

当然，社会科学不应该不符合科学原理。社会科学工作者不应该在证据不足的情况下贸然下结论，也不应该提出从定义上来说是正确的循环陈述，好像他们有一些真实内容一样；如果他们不同意这些说法，他们不应该像神学家或文学评论家那样诉诸对各种方法的滥用，而应该冷静地着手调查这种分歧的性质，并提出解决分歧的研究方案。

诺伯特·维纳（Norbert Wiener）对适用于经典物理学的数学在理论经济学中的应用作了评论。

"数学物理学的成功使社会科学家羡慕其力量，却没有完全理解导致这种力量的知识态度（intellectual attitudes）。数学公式的使用伴随着自然科学的发展，也成了社会科学的一种模式。就像原始人出于一种模糊的感觉，觉得他们的魔法仪式和法衣会立刻使自己与现代文化和技术并驾齐驱，因而采用了西方的非民族化服装和议会制那样，经济学家也养成了用微积分的语言来修饰他们相当不精确的想法的习惯。"[1]

今天，经济学家的自命不凡给社会科学研究其他分支的某些代表人物留下了深刻印象，这些人正在效仿那些效仿物理学家的经济学家。另一些人则对这种现象感到反感，他们拒不认可经济学家的做法，试图用心理学原理来解释社会。

但是，即使社会科学家能够改进他们的方法，并提高他们的知识学科水平，他们也不可能为"社会工程"提供一个可以与物理学家为空间工程提供的基础相媲美的基础。原因显而易见。工程规划的目标是交给工程师的；对于社会科学家而言，规划的目标正是他必须讨论的东西。把人当作机器对其解释什么是人，根本没有用。"每个人都有自己的事业和欲望。"科学家不能把自己设为一个不受他所阐述的规律影响的超级存在。读者也可以反驳作者——如果我们是机器，你是什么？

社会科学的功能与自然科学的功能大不相同，社会科学为社会提供了一个自我意识的器官。

---

[1]　维纳，《神与魔像公司》（*God and Golem Inc.*），第91页。

　　每一个相互联系的人类群体都必须有一种意识形态，也就是说，在家庭、经济生活和政治生活中，什么是正确的行为方式和允许的关系模式的概念。即使是猿类也有"不能做"的概念。黑猩猩 121 妈妈会抓住正与狒狒玩耍的蹒跚学步的孩子，把孩子拉开。

　　对于从定势本能（set instinct）中解放出来的人类来说，意识形态具有很强的可塑性。在学习语言的能力和学习行为准则的能力之间，存在一个不仅仅是比喻的类比。[①] 人类的大脑明显具有一种器官，这个器官不仅能让孩子掌握词汇，而且还可以在无须刻意努力的情况下，掌握无论多么复杂的语法结构。（如果能找到一种激励因素可以在以后的生活中一直保持这种活力，那会是一种极大的便利。）这种能力是人类共有的，但是孩子学何种语言取决于他出生的社区。[②] 社会生活中同样还要有一种不可或缺的能力，即培养良知或道德价值观，而道德准则的内涵在不同社区之间差别很大，或者说，在同一社区内的不同阶层之间差别很大。（对于犯罪团伙而言，严格遵守他们的帮规比服从一家之主更为重要；如果警察不能时不时地贿赂线人，他们就将束手无策。）学习一门语言比学习一套道德准则要容易得多，任何一门语言的语法正确性标准都比道德准则的有效性标准更为精确。在每一个群体中，什么能做和什么

---

　　① 参见琼·罗宾逊，《经济哲学》（*Economic Philosophy*），第 8—11 页。

　　② 参见诺姆·乔姆斯基在"当前语言学理论中的几个问题"（Current Issues in Linguistic Theory）对这一观点的评论，载于《语言结构》（*The Structure of Language*），杰瑞·A. 福多尔（Jerry A. Fodor）和杰罗德·J. 卡茨（Jerrold J. Katz）编。另见埃里克·H. 伦内伯格（Eric H. Lenneberg），"语言习得的能力"（The Capacity for Language Acquisition），载于前引书。

不能做是前后相继的一代代人需要努力才能习得的。这清楚地见于社会组织的最基本要求———种规范两性关系的准则中。在每一个时代，在每一个部落和每一个国家，对于每一代年轻人而言，因为他们的长辈觉得有义务抚养他们，这一传统使他们备受强加给他们的专横规矩的折磨。

从宗教、历史和"种族"的角度对社会进行前科学的解释（prescientific explanations），对树立思想观念、维护社会秩序、培养爱国主义精神乃至强化民族之间的斗争，起到了非常重要的作用。因此有人认为这是第一层级的社会自我意识。

现在社会科学的任务是把自我意识提高到第二个层级，找出意识形态产生的原因、作用方式和后果，以便对其进行理性批判。在绝大多数情况下，只有想成为科学家的人仍然处于第一层级，宣传某种为特定利益服务的意识形态，比如经济学家为资本家商业利益服务的自由放任学说。

关于社会科学中的"价值判断"问题，一直存在很多令人困惑的争论。每个人都有自己的意识形态的、道德的和政治的观点。假装全无先见和纯然客观必然是自欺或欺人的手段。一个坦率的作者会把自己事先形成的观念说清楚，如果读者不接受这些先入之见，他完全可以不予理会。这一点关系到科学工作者的职业荣誉。但是，把价值判断从社会科学的主题中剔除，就是把主题本身剔除，因为主题涉及人的行为，就必然涉及人们所做的价值判断。社会科学家（不管他私下相信什么）没有权利假装比他的邻居更了解社会应该为什么服务。他的工作就是告诉他们，为什么他们相信他们声称相信的东西（就他所能理解的），以及信仰对行为有什么影响。

但是，正如有些基本要素限制了语言的可能结构一样，[①] 在所有道德准则中都有一个共同的核心价值观。我们的大脑拒绝在没有以某种形式区分名词和动词以反映对象和动作之间的区别的情况下构思语言；同样，我们的大脑拒绝承认这样一个社会存在的可能性，例如，一个崇尚怯懦（尽管它可能重视谨慎）的社会，或者一个偏于残暴而不善待自己同类的社会。如果再加上具有最广泛包容性的道德优先原则，我们就有了充分的基础来形成道德体系的道德判断。

一个黑人可能从个人经历中知道白人种族主义的残忍和可憎，或者，一个失业的人知道经济制度的残酷和专横。社会观察者在描述或分析过程中使用这些形容词并非不科学（前提是形容词不全然代替观察）。诚实的人相互理解并非不可能，即使他们的思想是在完全不同的传统中形成的。

一个认识到其研究对象涉及人类价值观的社会科学家，往往对自己所能发挥的实际影响过于乐观，因为群体意识形态所捍卫的群体利益是不会轻易顺从于他的一般原则的。

极有可能，因为他对理性的力量有着专业的信仰，而且总的来说，他有一种人文价值观，所以他希望，当人们普遍能够看到他所阐述的问题时，他们会想到要按照他相信应该做的去做。凯恩斯坚

---

① 参见诺姆·乔姆斯基在"当前语言学理论中的几个问题"（Current Issues in Linguistic Theory）对这一观点的评论，载于《语言结构》（*The Structure of Language*），杰瑞·A. 福多尔（Jerry A. Fodor）和杰罗德·J. 卡茨（Jerrold J. Katz）编。另见埃里克·H. 伦内伯格（Eric H. Lenneberg），"语言习得的能力"（The Capacity for Language Acquisition），载于前引书。

持认为，如果我们理解了资本主义制度的运作，理解了它的巨大生产力将被用来为消除贫穷创造条件，我们就会"更愿意把我们的更多精力投入到非经济的目的"。缪尔达尔在《美国的困境》一书中指出，通过揭示关于种族的神话，以及理性将削弱对有色人种的偏见，从而有助于在美国南方各州建立一个法律面前人人平等的制度。但这两个希望离实现还有很长的路要走。

124　　　对于假装相信民主的美国白人来说，这并不意味着找出失业的原因，或者把黑人的处境看成一种困境是没有用的。

任何一位著书立说的人，不管书中传达的信息多么灰暗，都必须是一位乐观主义者。如果悲观主义者真的相信他们所说的话，那所说的话就毫无意义了。

自由放任学派的经济学家指出，每个人对自身利益的追求都有利于所有人，因而声称要废除道德问题。现在处于反叛中的这一代人的任务是重申道德对技术的权威；社会科学家的任务是帮助他们认识到这项任务的必要性和艰巨性。

文 献 索 引

（页码为原书页码，见本书边码）

主　题　索　引

（页码为原书页码，见本书边码）

经济学名著

第一辑书目

凯恩斯的革命	〔美〕克莱因 著
亚洲的戏剧	〔瑞典〕冈纳·缪尔达尔 著
劳动价值学说的研究	〔英〕米克 著
实证经济学论文集	〔美〕米尔顿·弗里德曼 著
从马克思到凯恩斯十大经济学家	〔美〕约瑟夫·熊彼特 著
这一切是怎么开始的	〔美〕W.W.罗斯托 著
福利经济学评述	〔英〕李特尔 著
增长和发展	〔美〕费景汉 古斯塔夫·拉尼斯 著
伦理学与经济学	〔印度〕阿马蒂亚·森 著
印度的货币与金融	〔英〕约翰·梅纳德·凯恩斯 著

第二辑书目

社会主义和资本主义的比较	〔英〕阿瑟·塞西尔·庇古 著
通俗政治经济学	〔英〕托马斯·霍吉斯金 著
农业发展：国际前景	〔日〕速水佑次郎 〔美〕弗农·拉坦 著
增长的政治经济学	〔美〕保罗·巴兰 著
政治算术	〔英〕威廉·配第 著
歧视经济学	〔美〕加里·贝克尔 著
货币和信用理论	〔奥地利〕路德维希·冯·米塞斯 著
繁荣与萧条	〔美〕欧文·费雪 著
论失业问题	〔英〕阿瑟·塞西尔·庇古 著
十年来的新经济学	〔美〕詹姆斯·托宾 著

第三辑书目

劝说集	〔英〕约翰·梅纳德·凯恩斯 著
产业经济学	〔英〕阿尔弗雷德·马歇尔 玛丽·佩利·马歇尔 著
马歇尔经济论文集	〔英〕阿尔弗雷德·马歇尔 著
经济科学的最终基础	〔奥〕路德维希·冯·米塞斯 著
消费函数理论	〔美〕米尔顿·弗里德曼 著

第四辑书目

第五辑书目

第六辑书目

图书在版编目(CIP)数据

自由与必然：社会研究导论／（英）琼·罗宾逊著；
安佳译.—北京:商务印书馆,2023(2024.1重印)
（经济学名著译丛）
ISBN 978-7-100-22149-8

Ⅰ.①自…　Ⅱ.①琼…②安…　Ⅲ.①经济社会
学—研究　Ⅳ.①F069.9

中国国家版本馆 CIP 数据核字(2023)第 045439 号

经济学名著译丛
自由与必然
社会研究导论
〔英〕琼·罗宾逊　著
安　佳　译

商　务　印　书　馆　出　版
（北京王府井大街 36 号　邮政编码 100710）
商　务　印　书　馆　发　行
北京艺辉伊航图文有限公司印刷
ISBN 978-7-100-22149-8

2023 年 5 月第 1 版　　　　开本 850×1168　1/32
2024 年 1 月北京第 2 次印刷　印张 4½
定价:40.00 元